미래세대의
동아시아 읽기

미래세대의
동아시아 읽기

이지원 지음

혜안

희망의 동아시아 공간을 위하여

　사람의 삶은 공간 속에서 이루어진다. 21세기 한국인의 삶의 공간은 어디인가? 대한민국Republic of Korea은 지리적으로 세계에서 가장 큰 대륙인 유라시아에 속한 반도에 있지만　사실 섬과 같다. 반도가 분단되어 있기 때문이다. 분단의 공간을 살아온 시간은 70년이 흘렀다. 한국인은 그 70년의 시간 동안 20세기 한국이 겪었던 엄청난 고난과 시련을 극복하면서 월드컵 4강에도 오르고 G20에도 들었다. 그러한 변화는 세계화globalization라는 이름으로 한국인의 삶의 무대가 분단된 반도를 넘어서는 공간의 확대를 동반하였다. 세계화가 진행될수록 노동, 환경, 문화, 교육, 안보 등 국경을 넘어 연관되는 것들이 더욱 많아졌고, 이웃한 동아시아 여러 나라와의 관계도 새롭게 중요해지기 시작하였다. 유럽의 나라들이 유럽연합(EU)을 만들었듯이 국경을 넘어서는 동아시아 지역공동체의 필요성도 이야기되었다. 그러나 동아시아를 하나의 지역공동체로 인식하고 교류하는 마음은 아직 익숙치 않다. 동아시아 지역공동체를 이야기하고 동아시아 국가들 간의 실질적인 교류는 많아졌지만, 오히려 국민감정이나 갈등의 골은 점점 깊어지는 상황이 벌어지고 있다.

세계화globalization와 동시에 지역화localization가 심화되는 미래의 한국인은 세계인이자 동시에 동아시아인이 될 것이다. 21세기 한국인에게 동아시아는 현실적으로 일상화된 삶의 무대가 되어 가고 있다. 700만의 한인 해외동포 가운데 60% 이상이 동아시아에 살고 있고, 한국을 다문화사회multi-cultural society로 만드는 압도적 다수는 동아시아에서 온 사람들이다. 세계화가 진행될수록 주변국과의 교류가 증가하는 상황에서 동아시아를 시야에 넣고 살아가는 훈련이 필요해졌다. 거기에는 한국이 지역적으로 동아시아에 속하면서 동아시아 문화권을 형성해 왔던 것에 대한 재발견으로부터 현재 동아시아의 문제들을 바로 보고 동아시아 지역 공동체의 미래를 준비하는 것까지가 포함된다. 그것은 미래지향적인 공간인식이다. 미래지향적인 공간인식은 공간의 역사성을 바탕으로 공간에서 벌어지는 현상과 갈등을 문제해결적, 미래지향적 관점에서 파악하는 것을 의미한다. 그것은 확대된 밖의 공간을 향한 인식만이 아니라 우리 안에 들어온 밖의 세계에 대한 인식이 결합된 것이다. 동아시아라는 공간에 대한 인문학적 인식은 그러한 능력을 기르는 출발점이 되며, 역사학의 방법론은 여기에 중요한 기초가 된다. 역사는 현상을 인과적으로 보게 함으로써 실존적 문제 해결에 다가가게 하는 능력을 키워주기 때문이다. 현상에 대한 넓고 깊게 생각하는 능력, 그것은 바로 관계 속에서 자기인식과 자신감을 강화시키며, 세상을 살아가는 창의적인 힘과 지혜를 준다. 이 책은 이러한 문제의식critical mind을 담고 시도한 실험적 강의의 결과 탄생하였다. 필자는 한국사를 학문적으로 전공하면서, 역사적 통찰력을 바탕으로 현실문제 해결 능력을 키워가는 통합적 교육을 시도해 왔다. 세상을 보는 눈과 인식을 깨워가기 시작하는 미래세대들에게 동아시아가 문제적 공간이 아니라 희망적 공간으로 인식되고 활용되기를 바랐기 때문이다.

이러한 의도에서 이 책은 동아시아 공간 인식을 세 가지 키워드로 구성하였다. 첫 번째 키워드는 **문명과 제국 사이**이다. 동아시아는 세계에서 가장 오래된 문명이 형성된 지역이다. 그러나 근대 이후 동아시아는 타자의 눈으로 읽혀지기 시작하면서 자신들의 눈보다는 서양에 의한 강자의 눈으로 보는 것에 익숙해졌다. 오리엔탈리즘orientalism이 그것이다. 강자의 눈으로 약자를 보는 오리엔탈리즘은 동아시아 공간 인식에 편견을 낳았고, 동아시아인 스스로도 자신들을 열등하게 보는 것에 길들여지게 하였다. 동아시아에 대한 평등한 공간 인식은 동아시아에 대한 불평등한 인식을 벗어나 동아시아의 눈으로 보는 것에서 시작된다. 이러한 평등한 시각에서 동아시아라는 공간에서 만들어진 삶과 문화를 이해하고 과거와 현재에 대한 공감적 관점에서 동아시아, 동아시아인에 대한 생각이 열리는 것이다. 동아시아는 고대부터 시작된 농경문화와 한자, 불교, 유교 등의 교류를 통해 문화적 자산을 공유하며 삶의 공간을 개척해 왔다. 또한 가까운 19, 20세기에는 제국주의 지배를 받는 고통과 시련을 극복해 온 공통점을 갖고 있다. 동아시아 공간에서 이루어진 사람들의 삶을 이해하고 상상하면서 동아시아를 지구촌이라는 커다란 공간 구도에서 파악할 때, 동아시아를 보는 통찰력을 갖게 된다. 그 통찰력은 현재 벌어지고 있는 갈등의 근원을 바로 보고 동아시아를 협력과 공생의 공간으로 회복시키는 기초 능력으로 발휘될 것이다.

두 번째 키워드는 **역동과 상생**이다. 21세기는 '아시아의 시대'로 통한다. 미국과 유럽연합의 쇠퇴, 중국의 부상이 엇갈리면서 19~20세기 서구로 넘어갔던 패권이 다시 아시아로 돌아오고 있다는 분석에서 나온 결과이다. 상호 무역량 증대, 투자 확대, 경제 협력 강화, 문화 교류(한류), 국제 결혼, 해외 여행, 해외 근무 등으로 경제적 상호 의존도와 문화적·인적 교류는 증대하고 있다. 문화·경제·정치안보적으로 상호의존성이 높아지면서 동아시아 국가 간 관계가 깊어지는 듯 보이나 교류협력과 국민감정 측면에서는 취약하다. 특히 한·중·일의 정부는 적대적이면서 공존하는 정치 전략 속에서 갈등을 구조화시키고 있다. 물론 여기에 미국의 역할도 만만치 않다. 역동하는 동아시아에서 나타나는 갈등과 감정대립을 풀기 위한 국가 차원의 노력은 중요하다. 그러나 국가 차원만이 아닌 동아시아 시민 차원에서 상생의 관점으로 접근할 때 문제 해결의 가능성은 훨씬 높아진다. 민간의 NGO나 국제교류의 활동은 이러한 문제 해결을 위한 동아시아 시민사회의 대안으로서 동아시아에서 활발하게 전개되고 있고, 향후 더 늘어날 것으로 전망된다.

또한 동아시아 역동과 상생의 관점에서 한국을 보면 한국은 훨씬 희망적인 공간이 된다. 한국은 세계에서 유래가 드문 다이내믹한 나라이다. 신화를 만들 정도의 오랜 고대문명의 역사를 가졌고, 공동체의 정체성 계승이 적어도 2,000년 이상 지속되었으며, 식민지에서 분단의 시대를 거치며 전쟁, 산업화, 민주화, 복지화 등 역동적인 모습을 보여왔다. 또한 문화적 역동성은 한류의 열정으로 분출되기도 하였다. 이렇게 역동적인 한국은 세계 유일의 분단지역으로서 동아시아의 군비 경쟁과 긴장을 고조시키고 있다. 한반도의 통일은 남북만이 아니라 동아시아 공존과 상생에 중요한 바로미터가 될 수밖에 없다. 남북이 통일된다는 것은 남북이 연결되는 길이 열린다는 것이다. 철의 실크로드나 아시안 하이웨이를 대입하여 남북이 연결되는 길을 상상해 보면, 남북 통일은 생각보다 단순할 수 있고, 분단된 상태에서는 불가능했던 역동적인 발전과 상생의 가능성을 예측할 수 있다. 새로운 동아시아에 대한 공간 인식을 통해 통일 미래를 개척해 간다면, 미래세대는 한국인이자 동아시아인으로서 새로운 희망을 얘기할 수 있을 것이다.

세 번째 키워드는 **인권과 평화**이다. 21세기 세계의 나라들은 20세기까지의 문명을 반성하며 인권과 평화를 인류가 지향할 가장 보편적인 가치로 공유하고 있다. 평화의 중요성을 이야기하는 것은 전쟁의 파괴력과 상처를 알기 때문이다. 20세기 동아시아인들은 자발적으로 원하지 않았지만, 전쟁의 피해를 가장 극명하게 당했던 공통점을 갖고 있다. 아시아의 유일한 제국주의 국가였던 일본이 전쟁을 일으키면서 아시아는 2차 세계대전의 전쟁터가 되었고, 수많은 사람들의 인명 피해와 강제 동원 등이 있었다. 또한 2차 세계대전이 끝나고 아시아의 많은 나라들은 제국주의 국가의 지배로부터 해방되었지만, 독립된 민주 국가를 수립하는 데 어려움이 많았다. 더욱이 냉전체제가 드리워지면서 동아시아는 서구의 냉전체제와 달리 열전hot war을 치렀고, 내부적으로 많은 피해와 상처의 후유증을 낳았다. 이러한 점 때문에 동아시아 공통의 정서에는 전쟁의 트라우마와 평화의 갈망이 공존한다. 동아시아가 20세기의 후유증으로 앓고 있는 트라우마는 21세기 인류의 평화와 인권 회복을 위해 해결해야 할 문제로서 여전히 현재진행형이다.

전쟁이 많았던 동아시아에는 전쟁에 대한 기억문화로서 기념관들도 많이 만들어졌다. 과거를 기억하면서 미래의 평화를 만들어 가기 위한 바람을 담은 것이다. 한국에서 처음 제기한 일본군 '위안부' 문제는 전쟁 반대와 여성인권을 위한 세계적인 활동을 촉진하였다. 이러한 평화와 기억 문화의 공통점과 차이점을 이해하고 공통분모를 만들어 간다면 동아시아는 평화와 인권의 희망 공간이 될 것이다. 또한 1990년대 이후 동아시아는 냉전체제 해체와 개혁 개방의 영향으로 인구의 이동이 빠르게 진행되었다. 동아시아인들의 교류가 빈번해지면서 다문화사회multi-cultural society로의 변화도 급속하게 일어났고, 인권과 공생의 사회문제가 새롭게 대두하였다. 한국은 특히 빠른 세계화, 지역화의 결과 외국인의 유입이 급속하게 증가하였다. 이들과의 공존을 평화적으로 이루며 명예로운 인권의 땅이 되는 것은 우리 안의 동아시아에 대한 새로운 희망을 만드는 일이다.

문명과 제국 사이, 역동과 상생, 인권과 평화라는 세 가지 키워드로 구성한 이 책은 아직 방법론이나 내용에서 동아시아의 희망을 완성하기에 많이 부족하다. 미래에 대한 희망을 이야기하기 위하여 다양한 학문적 요소와 실천적 '가치'를 접맥하고자 하였으나, 첫걸음을 내딛는 수준이다. 이러한 부족함에도 불구하고, 이 책은 역사학에 기초한 인문학적 융합 교과서이자 통합적 문제 해결의 입문서를 지향한다. 그것은 미래세대들이 살아가야 할 새로운 삶의 공간에 대한 인식을 바탕으로 문제 해결 능력을 기르는 것을 목표로 한다. 이러한 의도에서 각 장의 마지막에는 〈생각하기〉를 넣었다.

동아시아를 희망의 공간으로 만들기 위한 문제의식을 이 책으로 실현하는 데 가장 중요한 지지자들은 강의실에서 만난 미래세대인 학생들이었다. 21세기를 살아가는 이 시대의 청춘들은 구조화된 세계화의 일상 속에서 장기적인 희망보다 당장의 취업에 몰입하는 현실이 힘들다고 한다. 분명 세계는 넓어졌고 동아시아는 옆에 있어 삶의 무대는 확대되었지만, 동아시아에서서 벌어지는 갈등은 혼란스럽고, 역동적인 가능성에 대한 희망을 꿈꾸기 어렵다는 것이다. 그럼에도 불구하고 그들은 삶에 대한 열정을 버리지 않기를 바라며 장기적인 희망의 감동을 공유하길 원한다. 지식의 전달을 넘어서는 공감의 전달, 희망적인 메시지의 세례를 받고 싶어한다. 선생으로서 나는 그들에게 희망을 주고 싶었다. 그것이 내가 그들을 사랑하며 해야 할 일이라고 생각했다. 또한 동아시아 역사 대화를 위해 만났던 한·중·일의 청소년과 시민들 또한 이 책이 만들어지는 길을 열어준 중요한 지지자들이었다. 그들과 함께 동아시아 미래의 희망을 이야기하고 싶었다. 이러한 생각을 구체화하여 책으로 만들어 내는 데 함께한 많은 분들이 있었음에 감사한다. 정상우·이세영 선생은 한국사를 연구하면서도 동아시아 강의를 함께 고민해 주었고, 박미선·고태우 선생은 미진한 원고를 검토하며 매끄럽게 만드는데 큰 도움을 주었다. 또한 여러 가지 어려움 속에서도 책을 만드는 데애써준 혜안출판사 편집진에게도 감사의 마음을 전한다.

분단된 반도에서 새로운 희망의 동아시아 공간을 만들어갈 이 시대의 미래세대에게 이 책을 바친다.

동아시아의 하늘을 바라보며

이 지 원

차 례

[제1부]

문명과 제국 사이

동아시아 지도

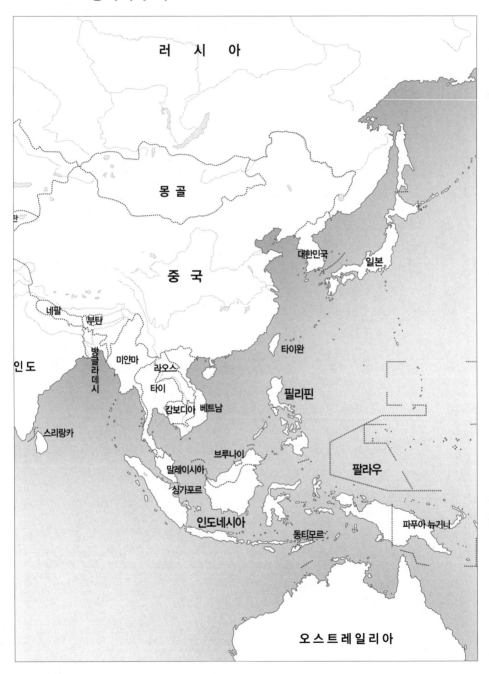

1. 공간, 시간, 사람

동아시아East Asia는 세계에서 가장 큰 영역과 오래된 문명이 탄생한 지역으로 세계 인구의 3분의 1이 거주하고 있다. 동아시아인들은 수천 년 동안 다양한 민족들이 이동하면서 서로 영향을 주고받고 자신들의 문화를 만들어왔다. 유목문화와 농경문화가 만들어지고 섞이면서 동아시아라는 공간의 문화권을 만들어갔다. 또한 역내의 다양한 민족들이 중국, 인도 등의 영향을 받으며 각각의 삶의 환경에서 다양한 정치·경제체제와 사회문화 구조를 형성해왔다. 고대부터 시작된 한자, 불교, 유교의 교류 속에서 문화적 자산을 공유해왔고, 동남아시아 지역에는 해상문화와 이슬람교의 영향도 첨가하게 되었다. 이러한 지역적 문화권의 특성은 오늘날까지도 각 국의 사회문화에 밑받침이 되고 있다. 동아시아라는 공간에서 만들어진 문화를 이해하고 과거와 현재에 대한 공감적 관점에서 동아시아, 동아시아인에 대한 생각을 열어가 보자.

1) 동아시아의 공간

동아시아는 세계 지도상 가장 큰 영역의 공간을 확보하고 있다. 동아시아East Asia라는 명칭은 상대적인 공간 개념에서 나온 것이다. 즉 서쪽보다 동쪽에 있기 때문에 붙여진 이름인데, 그러한 공간 인식을 갖고 동아시아라는 이름을 붙인 것은 바로 서쪽에 있던 서양 사람들이었다. 유럽 중심적 공간인식에서 동아시아East Asia는 여러 가지 이름으로 불리었다. 동쪽 끝이라는 뜻에서 '극동Far Eastern'이라고도 하였고, 인도의 뱅골만 지역 너머 있는 모든 지역을 통칭하는 '인도 저편Further India', 중국의 변방에 있는 중국의 속국이라는 인식의 '중국의 속국little China', 동남아를 비롯한 동아시아 남방지역의 기후적 특성을 지칭하는 '몬순 아시아Asia of the Monsoons' 등이 그것이다. 16세기 유럽의 '대항해 시대' 이후 아시아에 대한 관심과 접근이 만들어낸 용어들이다. 이러한 관심을 갖고 다가온 유럽에 의해 동아시아의 많은 나라들은 그들의 식민지가 되었다. 유럽의 관심에서 만들어 낸 동아시아에 대한 공간인식은 1920~30년대 인류학자·역사학자들을 중심으로 현재 동아시아 지역의 공통성을 인식하는 학문적 경향을 형성하였는데, 그것의 토대는 18세기부터 오리엔탈리즘에 의한 중국·동북아 중심의 동아시아 인식이었다. 유럽의 제국주의적 대외 팽창의 대상이 중국에 대한 공략으로 집중되면서 나타난 현상이었고, 그것은 지금까지도 서양의 관점에서 동아시아를 인식하는 기본 틀이 되고 있다. 그러한 중국 중심의 동아시아 인식은 2차 세계대전 발발과 그 이후 냉전시대 군사적 고려에 의해 동북아와 동남아 지역을 구분하여 인식하는 경향으로 변화되었다.

일반적으로 동아시아는 동북아시아와 동남아시아를 통합하여 지칭하는데, 동북아시아에는 한국, 북한, 중국, 타이완, 일본, 몽골 등을,

동아시아 생활 환경

동남아시아에는 필리핀, 태국, 베트남, 미얀마, 라오스, 캄보디아, 인도네시아, 말레이시아, 싱가포르, 부르나이, 동티모르 등 주로 ASEAN 소속 국가들이 있다. 만주와 한반도, 중국, 일본 열도, 인도차이나 반도 등은 인구 밀도가 높고, 티베트와 몽골 등은 인구 밀도가 낮다. 동아시아의 지세는 남서쪽의 티베트 고원을 중심으로 북·동·남쪽으로 퍼져가는 부채 모양을 띠고 있는데, 해발 고도와 지형에 따라 4개의 구역으로 나눌 수 있다. 한반도 중·남부, 일본 열도, 양쯔 강 이남은 연중 기온이 높고 강수량이 높아, 벼농사 중심지역이다. 이 가운데 중국 남부, 베트남 북동부, 일본 남부 지역은 이모작이 일상적으로 가능한 기후 조건을 갖고 있다. 화북, 만주 남부, 한반도 북부 지역은 연중 기온이 낮고 강수량이 적어 밭농사와 목축 생활을 주로 해 왔다. 만주 일부 지역, 몽골 고원 남부지역 등은 연중 건조하여 유목이 발달한 지역이다. 이러한 지세와 생활환경은 동아시아 사람들의 공통적이면서도 다양한 삶을 만들

동아시아인 인골과 유물. 시계 방향으로 베이징 원인의 복원상, 베이징 원인이 불을 사용한 흔적, 란톈(藍田) 원인의 두개골 화석이다.

게 하는 기본 요인이 되었다.

2) 동아시아의 시간과 사람

(1) 동북아시아―유목과 농경

20만 년 이전부터 동아시아 대부분 지역에는 호모 에렉투스 단계의 인류가 살고 있었다. 1920년대 중국 베이징 저우커우뎬Zoukoudian 지역에서 호모 에렉투스의 일종인 원인 유골을 발견하였는데, 이 원인의 유골은 베이징Peking의 옛 이름을 따서 '베이징 원인'으로 이름 붙였다. 4만 년 전에는 현생 인류 출현이 확인되는데, 그 흔적은 중국 여러 지역, 한국의 공주 석장리 등에서도 확인된다.

빙하기가 끝나고 지구 북반구에 살던 여러 인종들은 문명을 탄생시키고 더 넓은 공간으로 삶의 무대를 개척하였다. 동아시아 문명에 기초하여 주민들을 구분할 때 중요한 기준 중의 하나는 유목민과 농경민의 구분이다. 농경민들은 정착하여 농사를 짓고 안정적인 사회질서와 체계를 만들고자 하는 습성을 가졌다. 성을 쌓는 것도 타자와의 경계를 가시화하는 농경민의 문화라고 할 수 있다. 그러나 유목민은 그렇지 않았다. 이동을 지향하는 노마드 nomad는 이주와 약탈, 야만 등 부정적 이미지로 점철되었는데 그것은 아마도 농경민의 정착 문명적 관점일 수 있다. 흉노, 투르크(돌궐), 몽골 등은 중국이 이름 한 대표적인 오랑캐(호胡)였다. 그들은 성을 쌓는 대신 말을 타고 활을 쏘며 끊임없이 이동하면서 길을 만들었다. 동북아시아에서는 오랫동안 농경민족과 북방 유목민족의 경쟁 속에서 길을 만들고 성벽을 쌓으며 삶의 공간을 구분하였다. 중국은 농경민족인 한족漢族이 전국을 장악하고 농경문화를 바탕으로 영역을 확장하는 과정에서 주변 북방 유목민족들과 부딪혔다. 중국의 역대 왕조는 그들을 오랑캐(호胡)로 구분하고 성을 쌓아 경계를 지었다. 세계에서 가장 긴 6,400km의 건축물인 만리장성은 동아시아 유목민과 농경민의 경계 짓기의 상징이기도 하다. 그리고 공자의 천명사상을 도입하여 한족 중심의 국가 통합을 이루고, 이를 통해 동아시아의 패권을 장악하는 중화주의 국제질서를 만들어갔다. 천명사상은 중국 역대 왕조의 통치이념으로 계승되었는데, 원나라와 청나라를 비롯한 한족이 아닌 북방민족들도 중원을 장악한 이후 중화사상을 통치 이념으로 삼으면서 중화적 세계관으로 자신들의 정체성을 합리화하였다.

　　중화주의는 동아시아 주변 민족과의 경계 짓기를 통해 한족 중심의 중국을 만드는 사상이었다. 중화주의 사상에 의해 중국은 황제를 정점으로 황제가 임명하는 제후가 직접 지배하는 지역인 내번內藩과, 주변 국가들 가운데 독자적인 통치를 행하며 복속의 표시로 조공을 행하는

인도의 영향을 받은 베트남 참파 왕국의 힌두교 유적지, 미선(My Son)

외번外藩으로 구성된 국제질서를 만들어갔다. 중원을 중심으로 하는 동이, 서융, 남만, 북적의 중화주의 국제질서는 이렇게 해서 탄생하였다. 한국, 베트남, 일본 등은 한족 중심의 중화주의 국제질서 속에서 대응하고 조공관계를 맺는 가운데 경제적인 실리를 얻는 동시에 내정과 외교의 자주권을 유지하고자 했다. 19세기 서양의 자본주의적 근대화가 밀려오고 일본이 메이지 유신을 통해 동북아시아의 문명 전환을 가져오기 전까지 중화주의는 이 지역 국제질서의 기본 틀이 되었다. 그러나 '화華'와 '이夷'로 동아시아 국가 간의 관계를 구분하는 원리는 대등한 국제관계를 위해서는 결코 바람직한 것은 아니었다.

(2) 동남아시아―인도화, 앙코르 왕국, 스리위자야 왕국

태국 반탄 쁘라삿Ban Than Prasat에서도 이미 베이징 원인과 유사한 구석기 시대의 유골 및 유물이 발견되었다. 인도차이나 반도를 중심으

왼쪽은 9세기 초에서 15세기 중엽까지 캄보디아 지역에서 번성한 앙코르 왕국, 오른쪽은 8세기에서 14세기 수마트라 섬을 중심으로 번성한 스리위자야 왕국의 판도

로 하는 동남아시아는 인도와 중국이라는 큰 문화권 사이에서 역사적 발전과정에 따른 문화적 전통을 형성해왔다. 동남아시아에는 7~9세기 무렵부터 왕국이 형성되었다. 이때에 인도로부터 불교 및 힌두교 등 각종 종교와 국가 통치에 필요한 정치제도가 유입됨으로써 점차 국왕을 중심으로 한 왕국 형태로 발전, 이 시기를 '인도화Indiaization 시기'라 부른다. 인도 문화는 베트남 북부와 도서부의 일부분을 제외한 동남아시아 나머지 모든 지역에 영향을 미쳤다. 그 영향은 언어, 문자, 종교, 예술, 문학, 정치, 기술 등 광범위한 분야에 걸쳐 일어나, 14세기까지 동남아시아에서 왕성했던 고대왕국들은 대부분 인도 문화의 영향 하에서 건설되고 발전했다.

10~15세기는 동남아시아 지역 왕국들의 최대의 번영기였다고 할 수 있는데, 캄보디아 지역의 앙코르Angkor 왕국과 말레이 반도 및 인도네시아 수마트라 지역의 스리위자야Srivijaya 왕국이 대표적이었다. 태국,

12세기 앙코르 왕국의 수르야바르만 2세가 세운 힌두교 사원, 앙코르와트

미얀마, 베트남에도 이 시기 독립왕조가 성립하였다. 대륙 쪽의 앙코르 왕국은 농경을 중심으로, 해양 쪽의 스리위자야 왕국은 상업에 기반을 둔 해상무역을 통해 발전하였다. 이 시기부터 동남아 왕국들은 각각의 고유한 문화적 전통과 정치·경제체제를 형성하게 되었는데 이것이 오늘날까지도 영향을 미치고 있다.

유네스코 세계문화유산이자 한국인들도 즐겨 찾고 있는 앙코르와트는 과거 앙코르 왕국의 수도로서, '앙코르'는 산스크리트어로 수도, '와트'는 태국어로 사원을 의미한다. 앙코르와트는 12세기 앙코르 왕국의 수르야바르만 2세가 약 30년에 걸쳐 축조한 건축물로 브라흐마·시바와 함께 힌두교의 3대 신으로 꼽히는 비슈누에게 봉헌할 목적으로 건설되었다. 앙코르 왕국은 군사적 팽창과 더불어 국가체제를 정비하고 거대한 건축물들을 축조하였는데, 동남아 대륙부가 건기에 발생하는 물 부족 문제를 인공호수 및 관개기술의 개발로 해결하였다. 이 사원은 당초에는 힌두교의 사원으로 지어졌으나, 나중에는 불교의 사원으로 사용되었다.

16세기 이후 앙코르 왕국과 스리위자야 왕국 붕괴 이후 이들 지역은 군소 왕국으로 분열하여 경쟁하였다. 대륙부의 앙코르 왕국은 버마, 태국, 베트남 등으로 분리되어 경쟁을 하였고, 도서부의 스리위자야 왕국은 말레이시아, 인도네시아 왕국이 등장하여 각기 경쟁하다가 믈라카 Melaka 왕국으로 계승되었다. 16세기 이후 군소 왕국으로 분열하여 경쟁하던 시기에 유럽 나라들이 동남아시아를 침입하면서 라틴아메리카나 아프리카와 마찬가지로 유럽 나라들의 '대항해 시대'의 희생양이 되었고, 이후 태국을 제외한 동남아시아의 대부분의 나라들은 유럽의 식민지가 되었다.

(3) 동아시아의 유교, 불교, 이슬람교

지구상의 많은 문명은 지리적 조건 속에서 전파와 교류의 역사적 과정을 통해 확산되었고, 문명권 안의 사람들의 삶을 만들어왔다. 동아시아인들은 동아시아라는 공간의 지역 단위에서 역사적 과정을 거치며 상호 영향을 주고받으면서 동아시아 문화권을 형성하였다. 언어적으로는 우랄·알타이어계를 비롯하여 아시아 언어군을 형성하였다. 또한 대륙 쪽으로는 불교문화·유교문화가 발달하였고 도서부로는 이슬람문화가 존재하고 있다.

인도로부터 유입된 불교 Buddhism는 유일신을 강조하지 않고, 동아시아 토착신앙과 연계되어 동아시아 여러 국가들로 전파되었다. 고대 인도 종교는 베다 Veda 전통에 입각하여 종교생활을 이끄는 지배계

태국 치앙마이의 왓 프라탓 도이 수텝. '부처의 사리를 모신 사원'이라는 의미이다.

베트남의 불상과 티엔무 사원의 8각 7층탑

티베트 최초의 불교사원인 창주사(昌珠寺) 전경

층이 존재하였는데, 이러한 베다 전통은 힌두교와 연계되어 자바, 발리 등 동남아 전역에 전파되었다. 그러나 종교적 지배세력의 권위와 억압에 대항하는 신흥종교로 싯다르타Siddhartha Gautama의 가르침을 따르는 불교가 확산되었는데, 불교는 고행을 통한 정신수양과 윤회輪廻, samsara 사상, 업karma과 환생rebirth 등의 교리를 통해 대중적으로 확산되었다. 동아시아로 확산된 불교는 대승불교Mahayana, 상좌부불교Theravada, 라마불교Rama로 분화되었다. 대승불교는 개인적 고행과 해탈을 강조하는 상좌부불교의 교리를 탈피, 모든 중생의 해방을 위해 헌신하는 보살Bodhisattva 개념을 강조하였다. 대승불교는 동서를 연결하는 무역로인 실크로드Silk Road를 통해 중국, 한국, 일본, 베트남 등지로 전파되었다. 상좌부불교는 수행을 통해 깨달음과 자유를 얻고자 정진하는 존재로서 아라한Arahan을 강조, 스리랑카로부터 캄보디아, 태국, 라오스, 미얀마 등지로 전파되었다. 라마불교는 티베트, 네팔, 몽골 등지로 전래되었

한국의 문묘인 성균관 대성전. 문묘는 공자의 위패를 모신 사당을 말한다.

다. 일본의 경우 불교는 그동안 제대로 된 교리가 존재하지 않던 토착
신앙인 신도神道와 연계되어 교리를 제공하며 종교적으로 정착하였다.
중국의 경우 불교는 도교道教의 요소가 가미되었고, 한국은 토착신앙의
요소를 결합하여 고대국가의 호국불교의 성격이 강화되었다.

　　유교 Confucianism는 오늘날 동아시아 많은 국가들에 인간 삶의 철
학, 사상, 의례, 관행, 관습 등을 규정하고 연결시켜 주는 주요 가치관으
로 전래되었다. 유교는 유학과 같은 학문적 지향점을 지니고 있으나,
사회적 위계구조 및 행동양식을 규정하는 유용한 가치를 구축하였다.
유교는 이후 동아시아 사회에서 가족, 공동체, 국가, 세계관 등을 연계
한 통치구조 형성과 질서 확립에 기여했다. 중국으로부터 기원한 유교
는 한국, 일본, 베트남 등에 전파되어 각 국가에 따라 적절한 사회질서
로 발전하였다. 이들 나라들은 모두 한자의 영향 아래 유교를 전파 발
전시켰고, 현대 사회에서도 그 영향력이 서양과는 다른 가치관과 의식의

베트남 하노이의 문묘

기초를 이루고 있다.

최근 리오리엔트 Reorient 연구에서 동아시아의 문명이 재평가되고 있다. 근대 초기 서구문명이 동아시아에 충격을 주었을 때 정체된 문명으로서 동아시아를 평가하던 과거와 정 반대로, 비서구 문명 가운데 유일하게 한·중·일 동아시아 3국이 서구를 능가하는 경제성장을 이룬 동아시아의 문명에서 근대적 요소들이 논의되고 있다. 또한 1970~80년대 한국, 싱가포르, 타이완 등이 신흥공업국(NICs)으로(후에 홍콩을 포함하여 신흥공업경제지역NIEs으로 불림) 발전함으로써 왜 이 지역만이 다른 지역의 개발도상국과 비교하여 급속한 경제발전, 공업화를 달성할 수 있었는가가 큰 의문으로 제기되었다. 그 비밀은 교육을 중시하는 사회풍조, 상하질서를 중시하는 사회성, 근면성 등 유교문화에서 양성된 '아시아적 가치Asian Value'에 있다고 지적하는 논자가 많았다. 한·중·일 3국의 학생은 서양의 학생들과 달리 모두 공부를 중시하는데, 그 공부는 개인을

말레이시아 푸트라자야의 푸트라 모스크. 장미색 화강암의 돔으로 인해 '핑크 모스크'라고 한다.

위한 것만이 아니라 가족이나 집안·국가의 문제로 보는 사회풍조가 있다. 동남아시아 문화 역시 동북아의 유교권과 유사하게 전통적으로 개인보다는 집단을 중시한다. 물론 동남아시아 문화는 불교·이슬람·유교, 그밖에 수많은 소수 종족의 문화로 구성되어 있기 때문에 다양성과 복합성을 그 특징으로 하고 있다. 그렇지만 이들 문화에서 서구 문화의 '개인'을 찾기란 쉽지 않다는 것이다. 이러한 점에서 동남아시아 문화를 '아시아적 가치Asian value'의 일부로 정의하고도 있다.

인도를 경유하여 동남아시아에 유입된 이슬람Islam은 13세기 말에 수마트라 섬의 북단에 정착한 이후, 도서부에서의 해상무역의 흐름을 타고 16세기까지 말레이 반도 남부와 자바 섬과 보르네오 섬, 그리고 인도네시아 동부의 여러 섬들과 심지어 필리핀으로까지 퍼져 나갔다. 동남아시아에서의 이슬람 전파에 중요한 역할을 한 것은 15세기 초에 강력한 무역 왕국으로 발전한 믈라카Melaka였다. 그러나 강력한 해상무역

세력인 유럽을 만나 동남아시아는 19세기 말까지 대부분 유럽 국가들의 식민지가 되었다. 서양인들의 식민지배는 토착적 문화의 바탕에 힌두교, 불교, 중국 문화, 이슬람 등이 수용되어 복합적인 모습을 띠고 있었던 동남아시아의 문화적 구조 위에 기독교를 위시한 유럽 문화를 이식시켜, 동남아시아의 문화적 중층성과 다양성을 더욱 현란하게 만들었다. 최근에는 이러한 문화적 중층 구조에 일본 문화와 한국 대중문화의 영향도 쌓이고 있다.

| 생각하기 |

1. '동아시아'를 하나의 세계, 하나의 공동체로 묶어 볼 수 있는 근거를 생각해 보자.
2. 동아시아 내부의 공통점과 차이점을 생각해 보자.

2. 비단, 둔황, 국수의 길

우리는 지금 '지구촌' 시대라는 말이 무색할 정도로 사람과 문물의 국제적 교류가 활발히 이루어지고 있는 시대에 살고 있다. 교통·통신 수단의 발달이 이를 보장해주고 있다. 그래서인지 우리는 교통·통신 수단이 발달하지 않았던 근대 이전 동아시아에서는 국제적 교류가 활발하지 않았을 것이라는 선입견을 갖게 마련이다. 그러나 과연 그럴까? 시대에 따라 교류의 추이나 강도는 변화가 있지만 동아시아의 나라들은 꾸준히 만남을 가져왔다. 그런 만남은 서로에게 새로운 문물을 전해주고 세계에 대해서 알게 하는 귀중한 정보 교류와 소통의 기회였다. 세계에서 가장 오래된 동서를 이어주는 길, 실크로드는 그 대표적인 만남의 공간이었다. 실크로드는 유라시아 북반구의 여러 곳에 살던 사람들이 개척한 길이다. 이 길을 통해 비단이 오고 갔고, 불교의 유적 둔황도 만들어졌으며, 동서양이 모두 즐기는 국수도 전파되었다. 길은 문명을 전파하고 삶의 공간을 넓혀갔지만, 동시에 생활권을 공유하거나 구분하면서 공간에 대한 생각과 이념을 만들기도 하였다. 실크로드를 통해 동아시아인들이 개척한 삶의 공간과 그 공간에 대한 생각을 이해하고, 그 공간에서 이루어진 생활을 상상하면서 동아시아를 지구촌이라는 커다란 공간 구도에서 파악해 보자.

1) 생존과 욕망의 길

실크로드는 예로부터 아시아와 유럽을 연결해온 교통로를 말한다. 기원전 4000년경에 이미 채도彩陶가 중국, 중앙아시아, 서아시아, 동유럽까지 넓게 존재했다는 고고학적 증거를 봐도 이 길은 오래전 유라시아에 살았던 사람들의 흔적이라고 할 수 있다. 동양과 서양이라는 이분법적 구분이 있기 이전, 빙하기가 끝나고 지구 북반구의 여러 곳에 살던 사람들이 생존을 위해 이동하고 물산을 유통하면서 자연스럽게 길이 만들어졌다. 긴 세월 그 길을 통해 많은 사람과 물산이 오고 가면서, 길의 확보는 부와 권력을 보장하였다. 이에 유라시아 북반구에 있던 여러 문명국가들은 이미 기원전 5~6세기경부터 영역권을 확보하고 길을 열어가는 권력에 주목하였다.

서남아시아에서는 기원전 6세기에 페르시아가 서酉투르키스탄에서 소아시아 반도에 이르는 영역을 장악하였고, 기원전 4세기 무렵에는 알렉산더 대왕이 지중해 동부에서 인더스 강까지 지배하며 하나의 문화권을 형성하였다. 그리고 동쪽에는 황허 유역을 끼고 발달한 중국문화권이 형성되었다. 이 동과 서의 사람들의 삶과 욕망을 연결한 길이 실크로드이다. 알렉산더 대왕의 인도 원정, 중국 한무제의 서역 원정, 칭기즈칸과 그 후예들의 중앙아시아 및 동유럽 원정들도 이 길을 따라 이루어졌다. 또한 많은 탐험가들이 이 길 위에서 미지의 세계를 발견하고 새로운 정보를 수집하기도 하였다. 그 결과 실크로드를 통해 수많은 문물들이 오고 갔다. 옥, 비단, 제철, 보석, 과일, 유리, 악기, 학문, 종교, 식물 등이 실크로드를 타고 동서남북으로 퍼져나갔고, 특히 제지법, 나침반, 화약 등은 중국에서 유럽으로 전파되어 유럽을 중세에서 근대로 이끄는 데 있어 중요한 역할을 하였다.

2) 동서의 길, 아시아의 길

　　일반적으로 실크로드는 중국의 장안(지금의 시안)과 이탈리아의 로마를 각각 종착지로 이야기 한다. 중국의 장안과 이탈리아의 로마 사이에는 직선거리로 9,000km, 실제 실크로드를 따라 간다면 1만 2,000km의 거리가 있다. 그러나 실크로드는 하나의 큰 길이 아니었다. 무수히 많은 지역에서 무수히 많은 사람들이 다니면서 만들어진 크고 작은 많은 길들의 통합체가 실크로드이다. 이렇게 만들어진 실크로드는 크게 세 가지 길로 이루어졌다. 하나는 북위 50도 선을 따라 중국 북부로부터 몽골 초원, 카자흐 초원을 통과하여 흑해 북부지방까지의 커다란 초원을 무대로 하는 '초원의 길Step route', 또 하나는 중국의 서역(지금의 신장위구

왼쪽은 투루판의 정치문화 중심지였던 고창고성. 오른쪽은 당나라 현장이 방문할 당시 1만 명의 학생이 있었다고 전해지는 인도의 날란다 사원 유적이다.

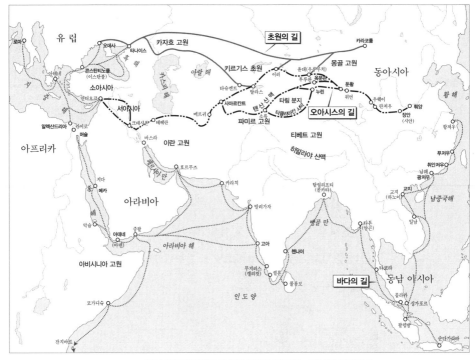

동서 교류의 길이자 아시아 지역을 연결하는 세 개의 실크로드

르 자치구)으로부터 톈산산맥과 아프가니스탄 북쪽까지의 사막과 고원
을 무대로 하는 '오아시스의 길^{Oasis route}', 그리고 마지막으로 중국 앞바
다와 인도양, 아라비아해를 이어 이집트 연안까지의 푸른 바다를 무대
로 하는 '바다의 길^{Marine route}'이 대표적이다.

　　위의 지도를 보면 실크로드는 유라시아 대륙을 동서남북으로 가
로지르고 있으며, 실크로드가 지나가지 않은 지역이 없다. 실크로드는
지역적으로 아시아 지역 전체를 커버하고 있다. 실제 실크로드를 따라
간다면 1만 2,000km의 실크로드 그 사이는 다 아시아다. 이러한 사실에
입각할 때 실크로드는 곧 아시아인들의 삶의 공간이었고, 많은 사람들
이 실크로드를 통해 아시아 지역을 이동하였다는 것을 이해할 수 있다.

즉 실크로드는 '아시아와 유럽을 잇는 동서교류의 길'일 뿐만 아니라, '아시아 지역들 간을 연결하는 길'이기도 하였다. 실크로드를 다니는 사람들이 모두 로마와 장안만을 목적으로 이 길을 이용하지는 않았고, 매우 다양한 사람들이 실크로드를 통해 아시아를 이동한 것이다. 따라서 실크로드는 단순한 길이 아니라 아시아 사람들의 삶과 애환이 서린 주요 활동공간이었다. 이러한 관점에서 보면 실크로드는 바로 아시아의 길이며 아시아 사람들의 무대였다고 할 수 있다. 그렇기 때문에 실크로드는 박물관이나 역사책에서만 찾아볼 수 있는 박제화된 유물이 아니라, 현재에도 도로(아시안 하이웨이)와 철도(철의 실크로드)로 연결되어 엄연히 존재하고 있다(본서 제2부 5장 참조). 그리고 그 길 주변에서 오늘도 수많은 사람들이 살고 있다.

3) 비단, 둔황, 국수

실크로드가 교류의 길, 동서 욕망의 길로 만들어지고 이어오는 동안 무수히 많은 사람과 문물이 오갔다. 그 대표적인 물품은 실크라는 이름 그대로 바로 비단이다. 비단은 주로 중국에서 서양으로 무역하였던 것인데, 중국인이 직접 비단을 서양에 판 것은 아니었다. 농경민인 한족의 중국을 끊임없이 위협하였던 유목민들이 중국의 비단을 서양에 전달한 당사자였다. 이동을 지향하는 유목민, 즉 노마드nomad는 농경민의 정착 문명적 관점에서 이주와 약탈, 야만 등 부정적 이미지로 그려졌지만, 그들은 농경민족이 자신의 공간을 보호하기 위하여 만리장성과 같은 성을 쌓았던 것 대신에 말을 타고 활을 쏘며 끊임없이 이동하면서 길을 만들었다. 중국의 비단을 서양에 알린 것은 그러한 삶의 결과였다.

둔황은 중국과 서역을 연결하는 거점 지역으로 많은 승려와 상인들에 의해 막고굴이 형성되었다. 왼쪽은 막고굴 벽화에 묘사된 둔황 호족의 모습, 오른쪽은 막고굴 전경이다.

북방의 유목민족인 월지는 타림분지에서 나는 '옥'을 중국에 팔고 그 대가로 비단을 받아 판매하였다. 또한 중국의 한나라 당시 가장 위협적이었던 흉노는 군사력을 바탕으로 한나라를 위협해 많은 비단을 공물로 받거나 중국이 필요로 하는 날쌘 말과 교환하여 얻은 비단을 서양에 판매하였다. 비단은 중앙아시아와 러시아 초원, 서아시아 등 광범위한 지역에서 유통되었으며 멀리 로마에까지 판매되었다. 비단의 수요가 커지자 판매 물품인 비단뿐만 아니라 뽕나무 재배와 양잠 기술도 전파되었다. 처음에 중국은 양잠 기술이 누설되는 것을 경계했지만, 중아아시아의 유목민들은 양잠 기술을 얻어내 비단의 생산을 직접 할 수 있게 되었다. 이후 7세기에 들어 비단 제조기술은 페르시아와 인도로 전해졌고, 비잔틴 제국에서도 누에와 비단 생산기술을 얻어 비단을 유럽에 수출하게 되었다. 이후 실크로드는 비단 이외에도 많은 물적 교류의 장이 되었다.

왼쪽은 5세기 중국 산시성 다퉁의 사암 낭떠러지에 약 1km에 걸쳐 조영된 중국 최대의 석굴사원인 윈강 석굴이다. 오른쪽은 유명한 제20굴 윈강노천대불로, 제16~20굴의 5대불은 460년대 북위(北魏, 386~534)의 승려 담요(曇曜)가 주관하여 건립하였다.

실크로드는 물적 교류뿐만 아니라 학문과 종교의 교류가 이루어진 길이기도 하다. 불교를 비롯한 마니교, 조로아스터교, 경교 등의 종교도 이 길을 통해 전파되었다. 특히 불교는 오늘날까지 동아시아 사회에 큰 영향을 끼치고 있다. 기원전 6세기에 성립된 불교는 기원전 3세기에 스리랑카 등으로 전파되었고, 중앙아시아 쪽으로는 기원 전후 쿠샨 왕조 때 본격적으로 전파되었다. 이 시기 불교는 대승불교의 등장과 함께 불상이 출현하는 변화를 겪고 있었다. 이 변화는 중앙아시아의 문화적 요소가 결합되면서 나타난 것으로 불교의 전파를 더욱 가속화시켰다. 아프가니스탄의 바미안 대불과 수백 개의 석굴, 투루판의 베제클리크 석굴, 둔황의 막고굴로 이어지는 석굴들은 실크로드를 통해 불교가 어떻게 전파되었는지를 보여주는 문화유산이다. 산비탈에 벌집처럼 1천여 개의 석굴이 뚫려 있는 막고굴은 실크로드를 통해 전래된 불교가 둔황에서 꽃피운 결과물로, 1천년 동안 수많은 승려, 화가, 석공, 도공들이 드나들며 작품을 남겼다. 현장, 법현, 그리고 신라의 혜초 등의 구법 승려들도 이 길을 통해 인도를 오갔다. 이러한 석굴의 행렬은 중국으로 들어오면 천제산 석굴, 윈강 석굴 등으로 연결된다. 중국 산시성에 있는 윈강 석굴은 모래바위 낭떠러지에 조영된 1km 길이의, 중국에서 가장 큰 석굴사원이다. 이 석굴들에는 인도에서는 볼 수 없는 거대 석불들이 자리 잡고 있어 대승불교의 전파와 함께 인도와 다른 중국, 나아가 동아시아 불교의 모습을 보여준다. 이러한 대불은 서역의 영향을 받은 것이다.

오랜 기간 교역의 길로서 다양한 지역과 문화를 연결하던 실크로드를 따라 음식도 교류되었다. 그 대표적인 것이 '국수'이다. 메소포타미아에서 처음 재배된 밀이 중국에 전달된 것은 한무제 때 장건張騫을 월지국에 사신으로 보내 흉노를 공격하려던 원정과정에서 본격적으로 이루어진 것으로 본다. 주로 빵의 형태로 즐겼던 밀가루 음식인 호식胡食의 도입으로 중국의 음식문화는 더욱 풍부해졌다. 가루를 내어 구워먹었던 빵문화가 중원의 탕문화를 만나 끓는 물에 조리하기 적합하게 변모한 것이 바로 국수이다. 중국에서는 국수를 '수인병水引餠' 즉, 물에서 잡아 늘린 밀가루 음식이라고 하였다. 한족들은 중국을 국수의 왕국으로 만들었고, 그 국수를 아시아를 대표하는 음식으로 발전시켰다. 특히 송나라 때 상업적인 도시문화가 발달하면서 국수는 대중음식으로 자리 잡게 되었다. 북방식 면요리는 송나라가 금나라에 쫓겨 남쪽으로 간 이후 남쪽의 풍부한 쌀을 이용하여 쌀국수로 발전하였다. 쌀국수는 미얀마, 라오스, 태국, 캄보디아, 베트남으로 이어지는 메콩 강을 따라 쌀 곡창지대로 전파되었다. 이후 동남아시아 넓은 지역에 쌀국수문화권이 형성되었다. 한국은 압축식 국수틀을 가마솥에 걸고 만드는 메밀국수, 냉면 등과 칼로 썬 칼국수 등 한국식 국수요리를 발전시켰다. 일본은 승려들이 중국의 국수문화를 수용하는 역할을 하였는데, 16세기 에도시대에 이르러 소바가 패스트푸드로 자리잡게 되었다. 실크로드를 통해 수천 년 동안 많은 사람들의 손을 거쳐 탄생한 동아시아의 국수는 사람과 사람, 문명과 문명을 잇는 음식으로 시대와 공간을 넘어 동서양 사람들의 발자취가 담겨 있다.

| 생각하기 |

1. 실크로드를 무대로 동서 문화가 교류했던 것을 역사적 사건이나 문물 등을 통해 구체적으로 알아보자.
2. 신라 승려 혜초가 쓴 《왕오천축국전》이 프랑스 국립도서관에 소장된 사실을 통해 근대 이전과 이후 실크로드의 역할을 살펴보자.

3. 오리엔탈리즘

동아시아인들은 수천 년 동안 넓고 다양한 지역에서 이동하며 외부세력과의 상호 작용 속에서 살아왔다. 근대 이후 아시아는 서양 사람들의 이익과 관심의 대상이 되었다. 이때부터 서양의 아시아에 대한 접근이 본격화하고 서양의 눈으로 아시아를 보는 오리엔탈리즘 Orientalism이 형성되었다. 그것은 강한 공간으로부터 약한 공간으로의 인식이었다. 강자의 시선으로 동아시아를 보는 관점인 오리엔탈리즘은 타자에 대한 불평등한 인식의 전형이었다. 오리엔탈리즘이 만들어 낸 선입견과 편견은 자유롭고 평등한 동아시아에 대한 인식을 가로 막았다. 동양과 서양의 교류 속에서 타자화 된 동양의 이미지, 그 이미지가 만들어 낸 동아시아인의 정체성은 지금까지도 동아시아를 타자화 하는 인식구도로서, 서양뿐만 아니라 동아시아인 자신들에게도 남아 있다. 오리엔탈리즘에 의한 타자의 시각과 정보가 어떤 것인지, 그리고 그러한 것이 동아시아 내에서도 어떻게 만들어졌는지를 살펴봄으로써 동아시아를 주체적으로 되돌아 볼 필요가 있다. 오리엔탈리즘을 넘어서는 동아시아에 대한 생각 열기는 보다 적극적이고 능동적인 동아시아인이자 세계 시민이 되는 출발점이 될 것이다.

1) 서양의 시선, 오리엔탈리즘

16세기 '대항해의 시대' 이후 유럽의 나라들이 아시아, 아메리카로 진출하기 시작하면서 유럽인들은 낯선 곳에 대한 자기들 중심의 공간 인식을 만들었다. 흔히 인간은 자신이 전혀 모르는 지역에 대해 자신이 잘 알고 있는 지역보다 작고 후진적이라는 편견을 갖는다. 문명국, 선진국이 원시·비문명 사회나 후진국을 바라보는 관점이 적용된 것이다. 근대 이후 동아시아에 대한 인식과 평가는 서구 열강의 이러한 관점에 의해 축소·왜곡되는 경향이 컸다. 서양의 필요에 따라 동아시아를 상상하고 이미지를 만들었다. 그것은 서양에 의해 만들어지고 창조된 선입견과 오류의 동아시아이다. 이러한 선입견과 오류를 오리엔탈리즘Orientalism이라 부르고, 그러한 아시아 인식에 대한 비판이 처음 제기된 것은 1978년 에드워드 사이드 Edward W. Said의 《오리엔탈리즘Orientalism》이라는 책이었다. 이 책은 이후 동양과 서양에 대한 인식의 전환을 가져오게 한 대표적인 고전이 되었고, 이후 동양과 서양을 보는 문화 상대주의 관점 등이 세계 학계와 문화계에 일반화되었다. 동양을 지배하고 재구조화하고 동양에 대한 권위를 갖기 위한 서양의 스타일이 바로 사이드가 말하는 오리엔탈리즘이다. 그것은 계몽주의

《오리엔탈리즘》 표지에 사용된 이미지는 장 레옹 제롬(1824~1904)의 〈뱀을 부리는 사람〉이다.

런던 대영박물관의 계몽주의 전시실. 18세기 영국이 아시아·아프리카 등에서 수집한 유물을 '세계의 발견'이라는 주제로 분류 정리하여 전시하고 있다.

이후 유럽 문화가 동양을 정치적, 사회적, 군사적, 이데올로기적, 과학적, 상상적으로 관리한 거대한 체계적 규율discipline이자 담론이었다. 오리엔탈리즘은 서양의 제국주의를 뒷받침하기 위한 문화적 헤게모니의 일환이라는 것이 사이드의 주장이다. 이때 "동양인은 재판받는 존재로, 학교나 감옥에서처럼 훈련되고 규율되어야 할 대상"으로 창조된다. 어떤 경우든 동양인은 지배적 틀에 끼워 맞춰지고 그 틀에 따라 재현되었다. 그것은 권력과 결탁하여 식민지배를 가능하게 하였다. 열등함과 미개함으로부터 동양을 문명화해야 한다는 제국주의적 사명은 오리엔탈리즘에서 생겨난 것이다.

따라서 서양 사람들이, 더 나아가 동양 사람들을 포함한 우리 모두가 선입견을 갖고 있는 '동양'이라는 것은 생산된 지식의 산물이지, 자연적이거나 불변적인 실체가 아니다. 우리에게 전해진 동아시아에 대한 정보나 시각은 유럽에 의한 식민지 경영과 역사관에 근거한 인식의 오류가 존재한다. 이러한 오류는 역설적으로 서양인들에게 동양과 차별되는 우월한 정체성을 만드는 역할을 하였다. 자신이 속한 문화의 가치를 보편적이라고 주장하면서 다른 문화가 자신의 문화에 순응하거나 동화되어야 한다고 보는 입장을 자문화중심주의Ethnocentrism라고 한다. 오리엔탈리즘은 서구의 자문화중심주의가 문화제국주의의 형태로 나타난 대표적인 사례라고 할 수 있다. 서양은 아시아를 지배하면서 자문화중심주의로 아시아를 낙후한 곳으로 묘사하면서, 자신들의 우월성을 정체성으로 만들어갔다. 예컨대 오랫동안 인도를 식민지로 지배한 영국은 오래된 문명과 광활한 영토, 그리고 엄청나게 많은 인구를 가진 이질적인 인도를 지배하면서 단순한 물리적 힘에 의한 지배만이 아니라, 영국의 우수성을 강조하면서 자신들의 지배를 정당화하는 영국의 정체성을 만들어갔다. 오리엔탈리즘과 그것에 기반을 둔 서양 대 동양이라는 이원론적인 생각은 근대 서양의 문화적·정치적 정체성 형성 과정의 이면이었다고도 할 수 있다. 서양이 우수하면 동양은 열등하고, 동양은 후진적이고 비합리적이면 서양은 선진적이고 합리적이라는 것이다. 곧 열등한 동양은 서양의 우월한 정체성을 확인하고 완성해주는 존재였다. 오리엔탈리즘은 힘센 서양이 자신의 이익을 위해 자기와의 관계 속에서 힘없는 동양을 정의하고 구성한 논리였다.

이러한 논리는 19세기 '사회진화론'과 결합하여 제국주의 지배를 정당화하는 현실로 적용되었다. 1859년 발표된 찰스 다윈Charles R. Darwin의 《종의 기원 The Origin of Species》은 자연선택설이라는 혁명적인 이론으로 과학의 시대를 열었다. 그러나 제국주의 영국의 번영 속에서 영국의 철학자 허버트 스펜서Herbert Spencer는 다윈의 이론을 '사회진화'의 이론으로 확대 적용하였다. 다윈의 생물학적 생존경쟁이론을 경제·사회·정치 등 모든 분야로 확대시킨 사회진화론자들은 정치적으로 보수주의, 경제적으로 자유방임주의, 개인주의를 옹호하였다. 사회진화론은 영국과 독일에서 크게 유행하였는데, 그것은 식민지 확대와 군사력 강화 측면에 많은 영향을 끼쳤다. 곧 19세기 백인들의 인종적·경제적 우월성으로 아시아와 아프리카를 정복하고 다스리는 제국주의 지배를 정당화한 것이다. 강자의 논리와 시선은 19세기 유럽의 제국주의를 옹호

생물의 진화론을 주장한 찰스 다윈(1809~1882)

하며 그들의 영토 확장과 군비 증대, 민족 간 불신과 적대감을 조성하고 더 나아가 나치즘 등 파시즘을 정당화하는 데까지 활용되었다. 문명국·선진국이 원시·비문명 사회나 후진국을 바라보는 관점인 오리엔탈리즘은 배타적인 자문화중심주의, 침략 전쟁을 정당화하는 가치관이었다.

2) 탈아론과 오리엔탈리즘

19세기 서양세력이 동아시아를 장악하는 불평등한 세계체제가 형성되는 과정에서 조선, 중국, 일본은 서양의 자본주의와 과학기술, 군사력을 접하였고 이에 충격을 받았다. 그 충격 속에서 동아시아인들 스스로도 오리엔탈리즘의 눈으로 자기 자신을 인식하고 상상하기 시작하였다. 서구인들은 그들이 그리고 싶은 조망으로 동양을 바라보며 동양

인들에게도 그러한 동양관을 심어주는 데 성공한 것이다.

1860~70년대 이후 동아시아에서는 문명개화=근대화라는 관점에서 서양의 사상, 학문 기술을 받아들여 나라를 부강하게 만들자는 개화사상이 동아시아의 새로운 사상으로 등장하였다. 이때 등장한 용어가 '문명개화'라는 말이다. '문명개화'라는 용어는 일본에서 후쿠자와 유키치福澤諭吉(1835~1901)가 시빌라이제이션Civilization의 번역으로 처음 사용하였는데, 1870년대 이후 일본이 구미 열강의 문명과 습관을 배워 일본의 근대화를 수행해가자는 메이지 정부의 국책을 표현하는 말로 쓰였다. 일본 화폐 1만 엔 권의 초상 인물로 올라가 있는 후쿠자와 유키치는 일본 최대의 계몽사상가로 알려져 있다. 그는 일본 근대의 형성에 중요한 역할을 했을 뿐만 아니라 19세기 말 20세기 초 일본의 동아시아 진출기에 조선과 중국의 운명이 전개되는 데에도 짙은 영향을 끼쳤다.

후쿠자와는 1860년 도쿠가와 막부의 사절단의 일원으로 미국과 유럽을 순방하고 돌아온 이후 1866년 《서양사정》이라는 견문록을 발표하여 일본이 역사의 대세인 '문명동진'의 추세에 따라 서양문물을 받아들여 독립문명국으로 가야 한다고 주장하였다. 그는 이어서 《학문의 권유》(1872), 《문명론의 개략》(1875)을 써서 계몽사상가로서 문명개화론을 집대성하였다. 그의 문명사관은 문명은 야만에서 미개로, 미개에서 문명으로 발전한다는 이론이다. 그는 메이지 유신 초기 일본도 미개국 단계였다고 보고 그 일본이 문명국 대열에 올라서기 위해 하루 빨리 서양을 배워야 한다고 생각했다. 이것이 바로 '아시아로부터 벗어나 서구로 들어간다'라는 탈아입구脫亞入歐론이다.

그것은 서양의 문명을 숭배한 나머지 서양의 오리엔탈리즘적 관점을 수용해 탈아脫亞를 시도한 것이었다. 그의 탈아입구론은 일본의 근대화론에서 더 나아가 주변 아시아 국가에 대한 일본의 침략을 합리화하

▲ 후쿠자와 유키치의 대표적인 저서인 《문명론의 개략》(왼쪽)과 《서양사정》(오른쪽)의 속지

▶ 일본돈 1만엔 지폐의 모델인 후쿠자와 유키치

였다. 그는 일본은 메이지 유신으로 빨리 아시아에서 벗어나 문명국 단계에 들어섰지만 조선은 아직 미개하며, 따라서 일본이 "무력을 동원해서 이웃나라의 문명개화를 돕는 것이 일본의 책임"이라고 주장하기도 하였다. 일본은 구미열강의 아시아 공략에 대하여 공포심을 느끼고 대응하면서, 그 공포심과 표리일체로 서양문명에 대한 동경을 갖고 있었다. 그러나 그것은 또 다른 한편으로 입아入亞를 시도하면서 아시아를 문명개화해야 한다는 의식에 이르렀다. 즉 이전까지만 해도 중국 문명의 주변부에 있던 일본은 중국(중화주의)의 시선에 따라 오랑캐로 간주했던 서양문명을 추구해야 할 진정한 문명으로 인식하면서 과거 아시아 속의 일본에서 벗어나 새로운 아시아의 문명국이 되고자 하였다. 이

러한 일본의 아시아주의는 아시아가 연대하여 평화롭게 사는 것이 아니라 서양 제국주의자들과 마찬가지로 우월한 일본민족이 열등한 아시아의 민족을 가르치고 개화해야 한다는 의식이었다.

담론이 아닌 현실로서 동아시아를 살아왔고 살고 있는 사람들에게 오리엔탈리즘은 극복 대상이자 비판 대상이다. 문화상대주의의 입장에서 약소민족의 문화는 각각 독자적이고 민주적인 관점에서 인정되고 보호되어야 하는 것이다. 이에 대해 토인비Arnold Joseph Toynbee는 《역사의 연구A Studies of History》에서 강자의 눈으로 지역을 바라보는 것은 잘못이며, 지역사람들이 세계를 바라보는 시각으로 해당 지역을 그려내야 한다고 주장하였다. 아시아에서 서구의 문화적 패권에 맞서서 지켜야 할 아시아적 가치가 어떤 것이 있는지, 또는 서구중심주의에 대안으로 내세울 만한 아시아의 보편적 가치가 무엇인지 묻는 것이 하나의 과제로서 등장하고 있다.

3) 한국인의 오리엔탈리즘

동양과 서양의 비대칭적인 역사 경험을 하는 가운데, 한국인들은 강자의 논리, 개발의 논리 속에서 자기 자신을 보고 아시아인들을 보는 오리엔탈리즘에 젖어있는 측면이 있다. 문명개화Civilization가 한국의 근대화, 산업화의 목표라고 생각했던 문명론자·개발론자들은 강자의 논리, 강자의 시선으로 세계를 보는 것에 익숙하였다. 후쿠자와 유키치와 같은 시기에 살던 동아시아의 지식인들은 문명개화를 통한 부국강병에 몰입하면서 사회진화론의 방법론과 철학을 신봉하였다. 한국에 진화론이 소개된 것은 1880년대이다. 자연과학적 면보다 사회과학적 면이 먼저 수용된 진화론은 일본의 번역 또는 저술, 중국의 량치차오(1873~1928)의 영향 속에서 수입되었는데, 유길준은 《서유견문》에서 《경쟁론》이라는 이름으로 소개하였다. 중국의 량치차오나 한국의 유길준(1856~1914) 같은 사람은 동양이 서양의 제국주의 침략을 당한 것은 나약한 동아시아 내부의 문제 때문이라고 보았다. 그리고 부국강병을 통해 생존경쟁에서 살아남는 방법을 강조하였다. 사회진화론이 수용되면서 '적자생존' '우승열패' 같은 용어들이 일반화되었다. 그것은 한국이 열강의 침략을 받아 식민지가 되는 것은 제국주의 탓이 아니라 나약한 우리 자신에 있다는 것을 이야기 하였다. 생존경쟁에서 살아남기 위한 부국강병을 계몽하는 데 사회진화론은 유용한 도구가 되었다. 그러나 사회진화론은 사회의 원리를 계몽하는 이론인 동시에, 동양과 서양과의 관계에서 강자인 서양을 우월하게 보고 제국주의의 눈으로 동양을 보는 우리 안의 오리엔탈리즘 사고방식을 키우는 역할을 하였다. 강자와 약자의 공존이 아니라 약자의 열등감과 패배주의를 불러일으키거나, 약자에 대한 차별을 정당화하는 것은 근대 문명의 그림자였다.

이러한 사회진화론의 오리엔탈리즘은 이후 한국 성장개발의 논리로도 작용하였다. 성장을 계몽하며 그 이상향으로서 서양=강자에 대한 우상화는 발전의 동력이 되었다. 그러나 그러한 사고방식은 다른 한편으로 경제적으로 우월한 서양은 숭상하고, 경제적으로 열악한 동아시아인들에 대해서는 멸시와 차별을 당연하게 생각하는 요인이 되었다. 같은 외국인인데 서양인(특히 백인)에 대해서는 호감을 갖지만 동아시아인에 대해서는 비호감을 갖는다면 그것은 바로 내 안에 있는 오리엔탈리즘이다. 차별과 편견의 사고방식이다.

동아시아 내의 교류와 관계가 더욱 긴밀해지는 가운데 한국에는 동아시아 각국에서 결혼, 노동, 관광, 교육, 교류를 위해 많은 사람들이

각국의 인사말이 적혀 있는 안산 외국인주민센터 앞 공연장

들어와 있고, 한국인 또한 동아시아 많은 나라들에서 활동하고 있다. 법무부에 따르면 2015년 국내 체류 외국인은 184만 6천 명으로 2006년 이후 매년 10%씩 지속적으로 늘고 있다. 이러한 현상은 인적·물적 교류를 통해 동아시아 사회가 끊임없이 유동하며 변화하고 있다는 것을 보여준다. 이러한 시대 변화 속에서, 우리 사회에 들어온 동아시아인들에 대한 차별과 편견을 버리고, 이들을 동등한 인격체, 공존의 파트너로 볼 필요가 있다. 한국은 2차 세계대전 이후 열악한 조건의 분단국가임에도 불구하고 산업화와 민주화의 성과를 이루고 OECD 국가가 된 성공 사례의 나라이다. 그러나 한국, 한국인이 경제 사정이 낙후하다는 이유 하나로 동아시아인들을 무시한다면, 그것은 곧 우리 안의 오리엔탈리즘이 작동하고 있다는 것을 보여주는 것이다. 평등과 공존의 마인드를 갖고, 편견없이 세상을 보고 함께 살아가는 동아시아인, 세계인이 되는 길에서 우리는 우리 안의 오리엔탈리즘에 대한 성찰이 필요하다.

| 생각하기 |

1. 아시아를 보는 서양의 오리엔탈리즘 형성의 문화적 배경은 어떤 것인지 생각해 보자.

2. 우리 안의 오리엔탈리즘은 어떤 것이 있는지 생각해 보자.

4. 식민인가 제국인가

19세기 동아시아는 자본주의 이윤의 극대화를 추구하는 유럽 열강의 제국주의 위협 속에서 식민의 위기에 휩싸였다. 유럽의 열강들은 동아시아의 나라들에게 이전의 동아시아에서는 경험하지 못한 새로운 관계를 요구하는 '통상조약'을 강요하였다. 통상을 통한 문호개방은 식민의 위기와 함께, 서구적 근대 문물의 수용을 자극하였다. 유럽 제국주의 열강의 식민지가 될 위기 상황에서 동아시아 나라들은 사회 개혁을 위한 방안을 모색하였고, 결국 서양의 문명을 수용하는 노력들을 전개하게 되었다. 그러나 그 진행과 성과는 각국의 역사적 경험과 현실적 능력에 따라 서로 달랐다. 그 가운데에서 가장 발빠르게 서양문명을 수용하며 근대국가로의 변신에 성공한 나라는 일본이었다. 일본은 메이지 유신을 통해 근대 입헌국가를 표방하며 아시아의 과거 질서와 체제를 부정하고 새로운 국제관계의 선두 주자가 되었다. 동아시아 국가들과 관계를 맺은 서양 열강들의 세력관계를 이용하고 동아시아에 대한 전쟁을 치르면서 일본은 아시아에서 유일한 제국주의 국가가 되었다. 그 결과 동아시아에서는 대다수의 식민지와 유일의 제국주의 경험이 엇갈리는 시대를 겪게 되었다. 20세기 전반기 그 경험의 차이는 이후 동아시아 공동의 협동을 논의하는 데 많은 장애물을 만들었다. 서구 제국주의가 동아시아를 침공했을 때 동아시아의 변모하는 현실을 살펴보고 동아시아의 미래를 위한 생각을 열어보자.

1) '제국주의 시대'

서양 중심으로 쓰는 역사에서는 19세기를 '제국주의의 시대The Age of Imperialism'라고 표현한다. 제국, 즉 거대한 영역을 지배하는 제국은 로마시대에도 있었지만, 그것은 큰 나라라는 의미의 대제국=Empire이었다. 그러나 19세기의 제국주의Imperialism는 자본주의의 원리와 지배를 목적으로 자본주의를 세계화한 단계를 의미한다.

16세기 이래 '대항해의 시대'를 거치면서 유럽의 나라들은 아시아, 라틴아메리카, 아프리카로부터 많은 자원과 은을 가져가 이전에 보지 못했던 풍요를 맛보게 되었다. 그들은 그 풍요를 영속하기 위한 무역=통상을 주도하면서 아시아나 라틴아메리카 등을 식민지로 공략하였다. 지구촌 다른 곳을 침탈하고 얻은 경제적, 문화적 성과물은 유럽사회 내부를 변동시키는 자극이 되었다. 더 많은 이윤을 얻기 위한 생산력의 확대에 대한 욕구는 증기기관과 과학 기술의 발달을 가져왔다. 생산력의 증대를 통한 새로운 경제력의 신장은 부르주아라고 하는 자본주의적 이윤을 추구하는 계층의 성장을 촉진하였다. 그들은 확대된 시장과 사회 시스템의 변화를 위한 아이디어를 키웠고, 그것은 마침내 산업화와 시민혁명과 국민주의nationalism를 성공시켰다. 18~19세기의 산업혁명과 자본주의와 국민국가nation-state는 그렇게 탄생하였다. 19세기 후반 민족주의=국가주의의 이념 아래 유럽의 나라들은 자본주의를 주도하는 '국가'의 이름으로 대외 시장을 확보하고 값싼 원료의 공급지를 확보하는 '식민지' 쟁탈전에 혈안이 되었다. 그것은 '통상'의 이름으로 무력 침략을 동반한 독점자본주의의 모습이었다. 이러한 19세기의 침략적 독점자본주의의 얼굴을 하고 아시아, 라틴아메리카, 아프리카에 식민지를 만들었던 유럽을 '제국주의'라고 하며, 그들의 국가 간 다툼이 심했던 19세기를 '제국주의의 시대The Age of Imperialism'라고 부른다.

유럽의 열강들은 제국주의 경제체제를 유지 확대하기 위하여 값싼 원료의 공급지와 넓은 상품시장, 자본의 투자대상지로서 아시아, 아프리카, 라틴아메리카 등지를 침략하여 식민지로 삼았다. 19세기 중반 이후 세계사는 서구 제국주의 국가들이 아시아 아프리카 등으로 진출하여 자신들이 주도하는 새로운 세계체제를 형성하는 역사였다. 이러한 역사 흐름은 정치, 경제, 사회, 문화의 모든 면에서 서구 열강이 일방적으로 아시아·아프리카의 약소국을 압박하는 방향으로 진행되었다. 동아시아인들에게 이 시기는 제국의 시대가 아닌 '식민의 시대'였다.

2) 통상에서 식민으로

19세기 중엽 이미 세계의 대부분을 분할 지배하고 있던 서구 제국주의 열강은 아직 미개척지로 남아 있던 아시아의 동쪽 끝으로까지 진출하였고, 이에 동아시아의 기존 국제질서와 전통사회는 큰 변화를 맞게 되었다. 유럽의 제국주의 국가들의 동아시아에 대한 접근은 '통상'이었다. 항구를 열어 상거래를 통한다는 것인데 그것은 기존의 동아시아 각국의 경제구조와 외교질서를 바꾸는 새로운 국제관계를 요구하는 것이었다.

일찍이 유럽의 관심의 대상이었던 중국의 청나라는 유럽의 나라들에게 광둥 지역을 통해 관세를 부과하며 제한적인 무역을 하였다. 그러나 영국은 더 많은 이윤을 얻기 위하여 무역 제한 철폐와 대외교섭권을 요구하였다. 이에 청의 태도는 변하지 않았고, 영국은 아편을 팔아 막대한 이윤을 챙기기 시작하였다. 아편을 매개로 중국과 영국의 갈등이

아편전쟁. 1841년 영국군의 후먼(虎門) 공격을 묘사한 그림이다.

심화되는 가운데 영국은 인도를 넘어 동아시아 시장을 확보하기 위해 1840년 아편전쟁을 도발하여 1842년 난징조약을 맺었다. 영국에 의한 일방적인 불평등 조약은 광저우, 샤먼, 푸저우, 닝보, 상하이 등의 주요 항구를 개방시키면서 중국에 대한 침략을 본격화하였다. 이어서 미국은 1844년 중국과 통상조약을 맺고 후발주자로서 아시아에 대한 이권을 챙기기 시작하였다. 중국과의 '통상조약'을 맺은 미국은 1854년 해군제독 페리가 이끄는 흑선黑船의 무력시위로 일본과 통상조약을 맺는 데 성공하였다. 미국은 19세기 중엽부터 영토를 태평양 연안까지 확장하고 알래스카와 알류산 열도 그리고 남태평양의 서사모아 제도를 장악하여 태평양에 대한 지배권을 확장하고 있었다. 나아가 중국, 일본과 체결한 불평등조약을 기초로 동아시아에 대한 침략을 가속화하였다.

한국의 조선왕조 정부는 1866년 제너럴셔먼호 사건과 병인양요, 1871년 신미양요 등 몇몇의 경우 서구 열강의 군사 침략을 효율적으

▲1853년 일본 우라가 앞바다에 등장한 미국의 흑선

◀1875년 강화도에 침범한 일본의 군함 운요 호

로 방어하는 가운데 전통을 고수하고 통상수교를 거부하는 정책을 더욱 강화하였다. 그러나 그러는 사이에 조선보다 먼저 문호를 개방하여 1868년 메이지 유신을 통해 근대국가를 수립하였던 일본에 의해 1876년 통상조약을 강요당하였다. 이후 조선은 미국, 영국 등의 나라와 잇달아 통상조약을 맺으며 서양 제국주의가 주도하는 근대적 국제관계에 본격적으로 편입되었다. 이에 청나라는 과거의 조공관계의 질서 속에서 조선왕조에 간섭하려 하였고, 일본의 조선 진출과 일본을 매개로 한 유럽 나라들의 개입은 조선왕조의 식민지화의 위기감을 고조시켰다. 결국 일본이 서구열강에 당했던 경험을 조선에 덮어씌우고, 중국과 러시아의 세력

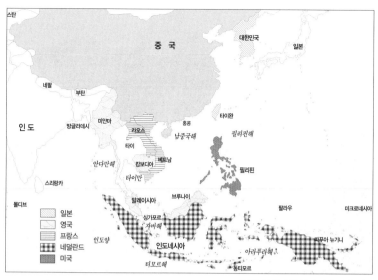

을 견제하려는 서양 열강들의 지원 속에서 청일전쟁(1894), 러일전쟁(1904)
에서 승리함으로써 조선은 일본의 식민지가 되었다.

　　동남아시아의 나라들은 19세기에 유럽의 식민지로 확정되었다. 16
세기부터 시작된 동남아시아에 대한 서구 열강의 침공은 18세기 중엽부
터 본격화하였다. 향신료, 농산물 경작과 천연자원 등으로 인한 상업
적 이익과 함께 중국, 일본 진출을 위한 교두보로서 지정학적 가치가 주
목되었다. 인도차이나 반도는 영국과 프랑스 간 식민지의 각축장이 되
었고, 무력에 의한 점령과 식민지화가 진행되었다. 미얀마는 영국과 제1
차 버마전쟁(1824~26), 제2차 버마전쟁(1852), 제3차 버마전쟁(1885~86)을 통
해 결국 전 지역이 영국의 식민지령으로 합병되었다. 프랑스는 인도, 미
얀마의 식민지화가 이루어지자 이에 위기감을 느끼고 서쪽의 동남아 대
륙부를 공략하여 중국에 대한 교두보를 마련하고자 하였다. 이러한 프
랑스의 의도를 단순한 교역 차원으로 이해한 베트남 정부는 프랑스에

하노이의 프랑스 총독부. 프랑스 식민지배 시절 총독부로 지어진 건물이나 지금은 대통령 관저로 사용되고 있다.

대한 적절한 대응이나 조처를 취하지 못하였다. 1859년부터 1862년 사이 프랑스는 베트남 남부지방에 대한 할양을 요구하여 점령하고 이를 코친차이나Kochin China라 이름하였다. 1873년부터 1885년 사이 프랑스는 그들의 군사적 영향력을 확대하여 결국 베트남을 완전 점령하고 강력한 식민지배를 실시하였다. 영국이 버마를 식민지로 복속시키는 데 60년이 걸린 반면, 프랑스가 베트남을 점령하여 식민지화한 기간은 25년이 걸렸다. 1860년대 베트남을 점령하고 있던 프랑스는 태국과 베트남 사이에서 캄보디아 왕실의 자율권을 보장해 준다는 명목으로 캄보디아까지 식민지화 하였다. 그리고 연이어 1885년부터 1899년 사이 프랑스는 라오스를 침공하여 무력으로 제압하고 라오스에 대한 베트남의 종주권이 프랑스로 이양되었음을 주장하며 태국의 반발을 무마하였다.

한편 태국은 동남아 지역에서 유일하게 식민지배를 받지 않은 국가이다. 이것은 태국이 버마를 지배한 영국과 인도차이나 지역을 석권한 프랑스 사이에서 외교적으로 세력 균형을 유지하는 완충지대bumper zone를 형성한 성과였다. 개혁과 외교적 노력으로 독립을 유지한 것은 뛰어난 정치지도력을 발휘한 짝끄리 왕조의 몽꿋 왕, 쭐라롱껀 대왕의 업적이기도 하였다. 그러나 당시 태국의 독립국가 유지는 영국과 프랑스에게 많은 영토적 양보를 제공한 대가에 불과하다고 평가하는 입장도 있다.

영국은 미얀마뿐만 아니라 말레이 반도와 남지나해의 섬 나라들도 식민지로 삼고자 침공하였다. 1786년 영국은 페낭Penang을 점령하고, 점차 세력을 확장하여 1819년 싱가포르 지역을 점령, 1830년대에는 믈라카 유역까지 그들의 영향력을 확대하였다. 영국은 이 지역을 해협식민지로 지칭하였으며, 이후 보르네오 북부와 말레이 반도를 연결하여 하나의 국가 영토 개념을 확립하였다. 한편 인도네시아는 네덜란드의 식민지가 되었다. 처음에는 무역의 형태로 인도네시아와 교류를 시작한 네덜란드는 유럽 지역에서 향신료 무역을 통해 이윤이 많이 남자, 인도네시아에 대한 직접 지배를 계획하였다. 네덜란드는 18세기 자바 지역의 왕위계승 전쟁에 개입하여 결국 자바 지역을 수라카르타와 족자카르타의 두 개 왕국으로 분리시키고, 이후 국력이 약화된 왕국들을 점령하였다. 유럽의 다른 식민지배 국가들과 달리 네덜란드는 매우 강력한 식민지배를 추진하였는데, 19세기 수마트라 지역까지 세력을 확장한 이후 20세기 초반 네덜란드령 동인도의 기본 골격을 완성하였다(단, 동티모르 지역만 포르투갈 지배). 필리핀은 1898년 미국-스페인(미서) 전쟁의 귀결로 미국에 복속되었는데, 러일전쟁 이후 아시아·태평양 방면에서 연합을 도모하던 미국과 일본이 1905년 가쓰라-태프트 조약을 맺어 조선은 일본이, 필리핀은 미국이 식민지 관할하는 것을 확정하였다. 식민지 지배는 '통상'을 구실로 한 조약이라는 합법적 절차를 통해 사실상 무력적이고 폭력적인 지배로 동아시아를 비탄에 빠뜨렸다.

3) 동아시아의 제국주의, 일본

서양이 동아시아에 왔을 때 동아시아의 나라들은 서양의 물질문명을 수용하려는 노력들을 전개하게 되었다. 그러나 그 진행과 성과는 각국의 역사적 경험과 현실적 능력에 따라 서로 달랐다. 그 가운데에서 가장 발빠르게 서양문명을 수용하며 근대국가로의 변신에 성공한 나라는 일본이었다. 일본은 하층무사들이 중심이 되어 에도막부를 무너뜨리고 왕정복고를 단행한 메이지 유신(1868) 성공 이후 서양문물의 수용에 매진하였다. 메이지 정부는 '메이지 천황'을 내세워 국민을 통합하는 한편 입헌주의 정치체제 확립, 식산흥업의 달성, 문명개화의 실현을 목표로 개혁을 추진하여 아시아에서 드물게 근대국가로 변신할 수 있었다. 메이지 정부는 1871년부터 서양과 대등하게 '만국공법'에 입각한 국제관계를 맺기 위하여 과거 에도막부 정부가 맺은 불평등한 통상조약 개정을 착수하였다. 조약 개정 과정에서 일본은 국민주권에 대한 인식이 고무되고, 서양과 대등한 관계를 맺음으로써 동아시아에서 전통적인 국제관계의 질서를 해체하고 새로운 불평등과 종속의 관계를 동아시아에 구축해 나갔다. 그러한 관계를 만드는 데 결정적인 역할을 한 것이 청일전쟁(1894)과 러일전쟁(1904)이었다. 일본은 청일전쟁으로 타이완을 식민지화하고, 러일전쟁을 통해 조선과 남만주 일부를 지배하게 되었다. 동아시아 유일의 제국주의 국가가 된 일본의 근대화는 대륙에 대한 침략과 그것을 수행한 전쟁을 통해 이루어졌다. 이후 일본제국주의는 천황을 정점으로 하는 제국헌법의 시스템 아래, 지속적인 전쟁을 일으킴으로써 동아시아를 전장으로 만들어갔다.

한편 일본이 동아시아 제국주의 국가가 되는 데에는 전쟁의 역할이 컸지만, 유럽 열강들의 세력다툼도 밀접한 역할을 하였다. 특히 시베

왼쪽은 에도 막부가 천황에게 정권을 반환하는 대정봉환도, 오른쪽은 헌법제정회의를 묘사한 그림인데 가운데가 메이지 천황이다.

리아철도 건설과 블라디보스토크의 부동항을 개척하던 러시아는 유럽 열강들에게 견제의 대상이었고, 이는 한반도에 대한 독점적 지배를 구상하던 일본의 이해관계와 일치하였다. 이때 일본은 유럽 열강의 주도권을 갖고 있는 영국과의 조약체결이야말로 동북아시아 지역에서 러시아와의 세력다툼에서 유리하다고 판단하고, 1902년 1월 런던에서 영일동맹을 맺었다. 조약체결 다음날 미국은 만주 이권에 대한 러시아의 독점적 지배를 강력하게 반대하는 의사를 표시했다. 영국과 미국의 지지를 등에 업은 일본은 이제 한반도와 만주의 쟁탈에서 러시아와의 갈등을 해결하는 대리자로서 전쟁을 치르게 되었다. 이때 영국과 미국의 금융 자본가는 총 6억 9,400만 엔의 전쟁차관을 제공하였다. 러일전쟁은 유럽 열강의 이해관계가 얽히면서 동아시아에서 제국주의 세계체제를 완성하는 제국주의 전쟁의 성격을 갖는다. 러일전쟁의 결과 동아시아에 대한 미국과 영국, 일본의 이해관계는 명확하게 조약으로 명시되었고, 한국은 일본의 독점적 지배를 받는 식민지로 국제사회에서 '용인'되었다.

4) 식민지배와 그 후유증

한국을 비롯한 식민지를 겪은 나라들은 식민지 종속경제와 자본주의 경제체제의 왜곡, 부의 불평등 문제 등 경제적인 변형을 겪었다. 일본은 처음에는 회사령 등으로 식민지 한국내의 자본 투자를 제한하였으나, 1차 세계대전 이후 초과이윤의 극대화와 일본 내의 식량 수탈을 강화하기 위해 한국에 산미증식계획을 실시하였다. 그리고 1930년대 초 경제대공황과 침략전쟁 수행을 위한 농공병진의 경제정책을 추진하여 한국사회의 주체적인 경제성장을 도모하지 못하게 하였다. 식민지 농업 구조의 왜곡 하에 소작농이 증가하고 경제적 수탈은 강화되었다.

유럽의 식민지였던 동남아시아의 나라들도 마찬가지였다. 19세기 부터 고무, 야자나무, 커피, 담배, 쌀농사 등 식민지 수탈이 강화되어 농지개발을 통한 플랜테이션 농업이 개발되었다. 이를 통한 생산은 대부분 식민당국이 수탈, 다수 농민이 소작인 형태로 전락하였다. 천연자원의 무분별한 채굴로 자연 생태계가 파괴되었다. 식민지는 원자재 공급과 생산품 판매를 위한 전초기지 역할을 수행하며 제국주의 본토에 종속된 왜곡된 자본주의 체제가 유입되었다. 특히 식민지에서 지주地主계급의 탄생은 식민지배 폐지 이후 부익부 빈익빈 불평등 현상의 주요 원인을 제공하였다. 서구 열강의 식민지배는 주로 각 국가들의 현재 수도를 중심으로 이루어지게 되었으며, 이것은 급격한 도시화를 초래하여 도시와 농촌 사이의 경제적 격차가 심화되었다. 또한 농경지 개발로 자신들의 농토를 강제로 상실한 농촌 인구가 도시로 유입됨으로써 범죄와 환경오

일본으로의 미곡 유출(군산항)

염 등 여러 가지 폐단이 발생하였다.

문화적으로나 정치적으로도 식민지배는 큰 영향을 끼쳤다. 식민지의 전통이나 정체성을 제국주의 본국의 의도대로 바꾸려는 정책은 이후 오랫동안 아시아 각국의 문화적 종교적 갈등의 요인이 되기도 하였다. 한국은 오랜 역사와 문화가 근대적으로 계승되어 자신의 '정체성'을 확보하는 것이 어려워졌다. 일본은 한국에 대한 오리엔탈리즘의 시선으로 한국을 문명화하는 것이 일본 제국주의 지배의 목적이고 의의라고 주장하였다. 한국인을 일본인으로 동화시키는 '동화주의'를 식민지배의 통치 이념으로 내세우며 한국인의 문화, 제도, 의식을 말살하고 일본 국민으로 만들고자 하였다.

동남아시아에서는 식민지배에 의한 영향으로 가톨릭 개종사업이 전개되었는데, 이것은 토착종교와 종교갈등을 유발하여 오늘날까지 태국 남부, 필리핀 남부, 인도네시아 등지에서 다양한 형태의 종교적 분리

스페인 식민지배 초기 세워진 필리핀의 성 어거스틴 성당. 스페인군과 함께 스페인의 종교도 들어왔다

주의 운동 등 종교분쟁을 야기하고 있다. 또한 식민지배가 심화되면서 농경지 경작 및 관리, 교역을 위한 중국계 상인들과 '쿨리苦力, Coolie'라고 불리는 중국계 부두 노동자들이 유입되어 상권을 형성하였다. 그런데 이들 화교들은 현지에 토착화되어 유럽 식민지배자에 기생하며 동남아인들을 착취하는 데 앞장서고 화교자본을 축적하였다. 이러한 역사적 정황으로 인하여 독립 이후 인도네시아, 말레이시아 등지에서는 화교들에 대한 인종갈등이 표출되기도 하였다.

| 생각하기 |

1. '제국주의 시대' 동아시아 사회의 변화 모습을 지역별로 나누어 살펴보자.
2. 동남아시아 나라들이 겪었던 식민지배와 한국이 겪었던 식민지배를 비교하여 보자.

5. 샌프란시스코에서 불어온 바람

1951년 9월 8일 미국의 샌프란시스코에서 맺은 연합국과 일본 사이의 '대일평화조약 Treaty of Peace with Japan'은 공식적으로 2차 세계대전의 종전을 알리는 것이었다. 일본과 전쟁을 벌인 아시아·태평양 방면 연합군의 총사령부를 담당하였던 미국은 전쟁의 종결 과정에 깊이 개입하였고, 그 결과 동아시아에 대한 전후 처리의 주도권을 갖게 되었다. 이 조약은 패전국 일본에게 극히 관대한 조약이었다. 일본은 아시아·태평양전쟁을 일으켜 동아시아 전 지역에 침략과 전쟁 피해를 낳았다. 그 피해의 당사자인 동아시아인들은 전쟁이 끝나고 나서 해방이 되었지만, 급속히 형성된 냉전체제 속에서 과거 일본에 의한 전쟁 피해를 배상받지도 못하고 독립의 기회를 얻기도 쉽지 않았다. 한국전쟁 중에 체결된 샌프란시스코 조약은 일본의 아시아·태평양전쟁에 대한 전후처리를 비롯하여 미국을 중심으로 하는 아시아·태평양의 지역 질서를 결정하였다. 샌프란시스코 조약은 이후 미국에 의한 동아시아 국가 간의 관계와 시민들의 생활에 깊이 영향을 끼치게 되었다. 20세기 후반기 동아시아 공통의 질서로 등장한 샌프란시스코 체제 형성에 대한 이해를 통해 동아시아를 둘러싼 객관적인 국제관계 질서와 이것이 갖는 현재적 역할에 대하여 생각해 보자.

1) 2차 세계대전과 동아시아

　　1차 세계대전이 유럽과 유럽의 식민지에서 치러진 전쟁이라고 한다면 2차 세계대전은 아시아·태평양 방면까지 포함한 전 지구적 전쟁이었다. 일본 제국주의는 침략전쟁으로 아시아 전체를 전쟁터로 만들었으며, 이로써 일본은 아시아 유일의 전범국이 되었다. 1937년 중일전쟁 이후 중국내의 끈질긴 항일운동으로 중국 내에서의 전쟁은 장기전에 돌입하였다. 그리고 국제연맹은 일본을 침략국으로 인정하였으며, 유럽 내의 독일, 이탈리아와 영국 프랑스의 전쟁이 2차 세계대전으로 확산되면

서 1940년 9월 일본은 독일, 이탈리아와 3국 동맹을 맺어 2차 세계대전 추축국의 일원이 되었다. 1941년 12월 8일 일본군은 하와이 진주만을 공격하고 곧이어 미국과 영국에 대한 개전을 선포하였다. 이어

◀ 태평양전쟁 당시 발간된 연합군과의 전쟁을 부추기는 일본 항전만화(베이징 항일인민전쟁기념관)
▼ 대동아공동선언 후 1943년 11월 5일 대동아회의가 열렸다.

항일전쟁에서 영국·미국·중화민국·소련이 연합군으로 싸웠다는 것을 보여주는 전시깃발(베이징 항일인민전쟁기념관)

망명 자유 프랑스, 오스트레일리아, 뉴질랜드, 캐나다, 네덜란드 등 20여 개국이 일본에 선전포고 하면서 아시아·태평양전쟁이 시작되었다. 선전 포고 이후 일본군은 미국령 필리핀, 영국령 미얀마, 네덜란드령 인도네 시아를 재빨리 공격하여 점령지역을 넓혀 갔다. 이에 미국·영국·소련· 중국 등 26개국이 '국제연합선언'을 발표하였다. 1942년 1월 발표된 '국 제연합선언'은 중국을 중심으로 한 연합국의 항일운동의 연합전선을 공식 선포한 것이었다.

2차 세계대전을 치르는 동안 일본은 이 전쟁을 '대동아전쟁'이라 하 였다. 그것은 구미 열강의 통치에서 아시아를 해방하여 '대동아공영권' 을 건설하는 전쟁이라고 한 것이다. 이 전쟁을 치르기 위하여 일본 국민 뿐만 아니라 한국인과 타이완인을 징병이나 강제동원으로 끌고 갔다. 또한 전쟁을 치르는 동안 일본은 동남아 각지를 잇달아 점령하고, '아시 아 해방'이라는 구호 아래 호혜적인 경제발전, 인종차별 철폐 등을 담은 '대동아공동선언'을 하였다. 동남아시아의 민족운동가들은 서양의 식민 지배에서 해방되는 방편으로 처음에는 일본에 협력적이었으나, 점차로 일본이 또 다른 지배자가 되는 상황에서 전쟁의 희생자가 되는 것을 꺼

려했다. 일본의 전쟁으로 수많은 동아시아인들은 강제동원, 징병 등으로 전쟁의 위험 속에서 고통을 받았고, 많은 이들이 생명을 잃었다.

2) 2차 세계대전의 종전과 미국의 역할

2차 세계대전은 1943년을 기점으로 유럽에서 연합국의 공세가 성공하면서, 종전의 시간이 다가오고 있었다. 1943년 2월 스탈린그라드 전투에서 소련군의 승리는 독일과 소련의 전투에 전환점이 되었고, 북아프리카 전선에서 승리한 영국과 미국의 연합군은 9월 이탈리아에 상륙하여 항복을 받아냈다. 유럽에서의 전세가 유리하게 돌아가자 미국대통령 루즈벨트는 전후 세계 안전보장 계획을 수립하였다. 그리고 미국은 아시아·태평양전쟁에서 전략적 주도권을 가지고 영국의 처칠, 중국의 장제스와 함께 11월 카이로에서 공동 군사작전과 전후 처리 문제를 토의하였다. 그 내용은 1943년 12월 1일 '카이로선언'으로 정식 발표되었다. 미국은 유럽뿐만 아니라 아시아·태평양 방면 총사령부로서 1944년부터 일본 본토에 대한 폭격을 시작하였다. 유럽전선의 승리가 예상되던 1945년 2월 처칠, 루즈벨트, 스탈린은 소련의 얄타에서 만나 소련의 대일참전과 전후 세계 질서 등에 관해 협의하였다. 여기에서 소련의 대일참전을 유도하기 위해 처칠과 루즈벨트는 소련의 만주에 대한 이권 요구를 받아들이고 일본 쿠릴열도에 대한 할양을 결정하였다. 이것은 전후에 분쟁의 씨앗이 되었다.

1945년 5월 8일 독일의 항복이 있자, 미국·영국·소련 3국 정상은 포츠담에서 회의를 열고 일본의 무조건 즉각적 항복을 촉구하는 '포츠담선언'을 발표하였다. 이어서 8월 6일 일본의 패배가 예견되는 상황에

도쿄 만 미주리 함상에서 20분 만에 이루어진 항복문서 조인식. 왼쪽은 연합국 대표로서 서명하는 맥아더, 오른쪽은 항복문서에 가장 먼저 서명한 일본의 시게미쓰 마모루(重光葵) 전권

서 미국은 전쟁을 조속히 끝내기 위하여 일본의 히로시마에 원자폭탄을 투하하였다. 이어서 8월 9일 소련은 대일선전포고를 하고 일본군이 점령한 지역에 진격하였고, 미국은 나가사키에 2차 원폭투하를 하였다. 그것은 8월 15일 일본 천황의 직접 낭독에 의한 항복 선언으로 전쟁을 끝내는 결정적인 역할을 하였다.

일본을 단독 점령한 미국은 일본에 연합국최고사령관총사령부 (GHQ)를 설치하고 점령통치를 실시하였다. GHQ의 총사령관 맥아더는 간접통치방식을 택하고, 천황을 전범재판에서 면죄부를 주고 '인간선언'을 통해 일본사회를 통합하는 상징으로 활용하였다. 그리하여 1946년 11월 새로운 헌법이 공포되어 1947년 5월에 실행되었다. 이른바 '평화헌법'이라고 불리는 이 법은 국민주권, 전쟁의 포기 및 평화주의, 기본적 인권의 존중을 3대 원칙으로 하였는데, 특히 전쟁 포기를 규정한 제9조는 평화주의의 이상을 내세운 것이었다.

1945년 9월 27일 맥아더와 히로히토의 회담

그러나 미국의 일본에 대한 정책은 소련과의 체제 대결이라는 냉전체제를 만들어가면서 일본의 민주화나 평화보다 반공에 초점을 맞추어갔다. 유럽에서는 반파시즘이라는 기치 아래 독일의 전쟁책임을 엄격히 추궁하고 전범재판도 엄중하게 치러졌다. 그러나 아시아의 전범국인 일본은 미국이 단독으로 점령함으로 인해 미국의 의도에 따라 전후 저리가 진행되었다. 1946년부터 시작된 도쿄전범재판도 냉전의 영향을 받으면서 일본의 전쟁책임을 철저하게 추궁하지 않는 방향으로 진행되었다. 연합국 11개국 출신의 재판관은 '평화에 반한 죄'를 저지른 A급 전범 25명을 심리하여 1948년 11월 판결에서 아시아·태평양전쟁 개전 당시 수상 겸 육상을 지낸 도조 히데키와 난징학살의 최고책임자인 마쓰이 이와네 등 7명에게 사형을, 조선총독을 지낸 미나미 지로 등 16명에게 종신형을, 2명에게 금고형 판결을 내렸다. 그러나 전쟁의 최고 책임자인 '천황'에게는 책임을 묻지 않았다. 관료와 재벌을 제외하고 오직 육군에게만 전쟁의 책임을 물었다. B급과 C급 전범재판은 아시아, 태평양 각지에서 진행되었는데, 약 1,000명이 사형 판결을 받았다.

2차 대전 말기 일본과 전쟁을 치르고 일본 및 일본의 식민지·점령지로 들어온 미국의 당초 구상은 중국 국민당정부를 중심으로 동아시아 질서를 잡아가는 것이었다. 그리고 일본에 대하여는 민주화, 비무장 조치, 경제원조로 극동의 보호판으로 삼고, 한반도에서는 연합국이 신

일명 도쿄 전범재판으로 불리는 극동국제군사재판. 왼쪽이 재판관석, 오른쪽이 피고석

탁통치하고자 하였다. 그러나 미국은 1947년 '트루먼 독트린'을 발표하면서 전후 냉전체제를 미국의 외교전략으로 삼았고, 아시아의 전후 처리도 그러한 방향에서 이루어졌다.

3) 샌프란시스코 조약과 동아시아의 변화

1951년 9월 8일 연합국과 일본 사이에 맺어진 '대일평화조약Treaty of Peace with Japan', 일명 샌프란시스코 강화조약은 2차 세계대전의 공식적인 종결을 알리는 조약이었다. 미국은 1949년 가을부터 일본을 국제무대에 복귀시키기 위한 강화를 추진하였다. 한국전쟁 와중에 미국의 아시아·태평양 방면에 대한 냉전체제와 반공기지 구축이라는 상황에서 만들어진 샌프란시스코 체제는 전후 현재까지 70년 동안 동아시아 지역

질서를 결정지은 가장 중요한 요인이 되었다. 미국은 한국전쟁, 중화인민공화국의 수립이라는 정세 하에서, 일본에게 독일이나 이탈리아에게 한 것 같은 전쟁 책임을 묻는 대신 일본을 아시아의 반공파트너로 만들기 위한 재건과 부활의 방침을 세웠다. 이에 일본은 미국이라는 우산 아래에서 전쟁에 대한 반성과 책임을 지지 않고도 국제사회에 복귀하게 되었다. 이 회의에는 55개국이 초청되었는데 정작 아시아·태평양전쟁의 최대 피해자였던 중국과 한국은 초청받지 못하였다. 일본 침략전쟁의 가

1951년 연합국과 일본 사이에 맺어진 대일평화조약, 일명 샌프란시스코 강화조약에 조인하는 요시다 전권

장 큰 피해국이었던 중국과 한국을 배제하고, 아시아 국가들에 대한 전쟁책임 문제가 유보된 채 체결된 샌프란시스코 강화조약은 동아시아와 세계의 평화와는 거리가 멀게 되었다. 아시아인의 입장에서 식민주의의 유산이 해결되지 않은 채 만들어진 강화조약은 아시아인들의 이익을 반영하지 못하였고, 냉전체제 하의 갈등을 만들어갔다. 아시아인들의 입장이 반영되지 않다보니, 전후 일본의 식민지배에 대한 사죄와 배상도 이루어지지 않았고, 심지어 해방된 한국의 영토로 일본이 반환해야 할 영토에 독도를 빠뜨림으로써 한일간의 영토 분쟁의 원인을 제공하기까

지 하였다. 또한 샌프란시스코 강화조약 발효 후 일본에 있던 한인들은 일본 국적을 박탈당하고 무국적 상태에 놓이게 되었다. 이들은 생활보호 수급 외에는 경제적, 정치적으로 어떠한 권리도 갖지 못했다. 또한 샌프란시스코 조약은 일본 국민들을 포함한 아시아 피해자들의 일본 정부에 대한 전쟁피해보상의 개인청구권을 없앴다. 그 결과 히로시마 원폭 피해자들의 국가를 상대로 한 손해배상청구소송이나 아시아 피해자들의 전쟁 배상 요구는 계속해서 무시되었다.

오키나와의 주요 미군 기지. 주일미군의 약 75%가 오키나와에 주둔하고 있다.

동아시아 피해 당사자를 제외하고 체결된 샌프란시스코 강화조약은 동아시아인들의 피해와 그에 대한 보상은 배제한 채 미국이 주도하는 20세기 후반 아시아·태평양 방면의 질서와 안보조약의 틀을 만드는 것에 초점이 맞추어졌다. 일본을 아시아 반공의 방패로 삼기 위한 미국의 정책은 일본 내에서도 전쟁 책임과 관련한 공직과 재계의 추방이 완화되어 보수적인 정당의 우위를 정책적으로 굳혔다. 그리하여 전후 일본의 정계, 관계, 경제계에는 과거 군국주의자와 그 협조자들이 복귀하면서 전쟁 전의 인적 관계가 계승되었다. 미·일 간의 배상문제도 타결되고 미국과의 경제 협력체제도 구축되었다. 군사 안보적으로도 미국은 일본을 재무장시키고, 일본 전 지역을 미국의 군사기지로 사용하며, 일본에서 오키나와를 분리하여 동아시아 군사작전의 거점으로 활용하는 방안이 구체화되었다. 미국은 1951년 일본과 안전보장조약을 체결했으며, 1953년과 1954년에 각각 한국, 타이완과 상호방위조약을 체결하였다. 미국을 정점으로 한 일대일 반공동맹을 맺은 것이다. 미국은 모든 동아시아 국가들과 전면적인 일대일 양자동맹 체제 내지는 양자 적대체제를 구축하였다. 마치 부채의 '손잡이'와 부챗 '살'과 같이 미국의 영향력이 커질 수밖에 없는 체제였다.

샌프란시스코 조약 이후 냉전체제가 깊어가는 가운데, 아시아와 아프리카에서는 미국과 소련 어느 한편을 선택하지 않고 중립을 선택하는 제3세계가 형성되었다. 아시아·아프리카 국가들은 오랜 식민지 경험 때문에 강한 민족주의 성향을 갖고 있었으며, 식민지배의 당사자인 제국주의 국가와 자본주의 열강에 대한 반감이 컸다. 아시아 23개국과 아프리카 6개국 대표는 1955년 4월 인도네시아 반둥에 모여 '아시아·아프리카회의(AA회의)'를 개최하였다. 이들은 아시아 아프리카 국가들 간의 긴밀한 관계를 수립하고, 냉전체제 하에서 중립을 지키고 식민주의를 청산하는 것을 목적으로 하였다. 국제정치에서 소외되었던 아시아 아프리카 국가들이 중립주의와 협력을 기본 정신으로 내세우며 국제사회에 발언하기 시작한 것은 새로운 변화의 모습이었다.

| 생각하기 |

1. 2차 세계대전에서 적대국이었던 미국과 일본이 전후 파트너십을 형성하게 된 원인에 대하여 생각해 보자.
2. 샌프란시스코 조약이 이후 동아시아에 끼친 영향의 사례들을 생각해 보자.

6. 냉전 속의 열전

2차 세계대전의 종결은 오랜 제국주의 지배를 받아온 동아시아 사람들에게 '해방'의 기쁨과 함께 새로이 독립국가를 만들 기회를 제공하였다. 그러나 해방의 기쁨은 오래 가지 못하였다. 세계가 미·소를 양극으로 하는 냉전체제로 급격히 재편되면서 이전에 보지 못한 이데올로기 싸움을 하게 되었다. 그것은 실질적인 전투를 하는 것은 아니었지만, 첩보와 사상 통제 속에서 군비 경쟁을 고조시켰다. 서양에서 냉전은 집단안보체제를 만들고 세력 균형을 유지하며 실질적인 전쟁을 발생시키지 않았다. 그러나 아시아 지역은 냉전의 틈바구니에서 실제적인 무력충돌이 오가는 전쟁의 참화를 겪게 되었다. 냉전체제 하에서 벌어진 동아시아의 전쟁은 해당 지역에서 세계대전보다도 더 심각한 피해와 후유증을 남겼다. 20세기 동아시아가 겪었던 '냉전 Cold War' 속의 '열전 Hot War'을 살펴봄으로써 강대국 사이에서 전쟁으로 치달은 동아시아의 실상을 이해하고, 전쟁을 극복하고 평화를 갈망하는 동아시아인 공통의 정서와 교류의 태도에 대하여 생각해 보자.

1) 냉전과 동아시아

냉전의 시작을 알리는 대표적인 사건은 '트루먼 독트린Truman Doctrine'의 발표였다. 트루먼 독트린은 1947년 3월 미국 대통령 트루먼이 미국 의회에서 선언한 미국 외교정책에 관한 원칙으로, 그 내용은 공산주의 확대를 저지하기 위하여 자유와 독립의 유지에 노력하고, 공산주의의 지배를 거부하는 세계 여러 나라에 대하여 군사적·경제적 원조를 제공하겠다는 것이다. 공산주의의 확산을 막기 위한 '봉쇄정책'을 표방한 것이다. 이에 따라 미국은 공산주의 반군과 싸우고 있던 그리스 왕당파 군사정권과 터키에 군사적·경제적 원조를 하였다.

1947년 이후 유럽은 일부 지역을 제외하고는 서유럽의 자본주의 국가와 동유럽의 사회주의 국가로 양분되어 대립하여 세계에서 냉전이 가장 첨예하게 전개되었다. 그러나 유럽에서의 냉전은 비록 첨예하기는 하였지만, 미국과 소련의 주도권 아래 군비경쟁과 세력 균형 속에서 비교적 안정적으로 관리되었다. 이미 두 차례의 전쟁을 치른 유럽인들은 역사의 교훈을 통해 더 이상 전쟁이 일어나지 않는 평화적인 통합을 위해 노력하였다. 그리하여 미국은 1949년 북대서양조약기구(NATO) North Athlantic Treaty Organization를 창설하고, 소련은 1951년 바르샤바조약기구(WTO)Warsaw Treaty Organization를 만들어 전쟁으로 인한 공멸을 막고자 집단안전보장체제를 구축해갔다. 그 결과 가장 첨예한 냉전이 일어났지만 전쟁으로 치닫는 불안정한 상황은 피할 수 있었다.

그러나 동아시아의 상황은 달랐다. 전후 동아시아는 제국주의의 지배에서 벗어나 독립국가를 세우고 사회 경제 개혁을 이루려는 열망과 움직임이 강하였다. 이 운동은 사회주의와 결합하면서 급진화하고, 이를 저지하기 위한 움직임도 컸다. 미국은 오랜 식민지 경험을 한 아시아인이 가진 민족주의적인 열망을 이해하지 못하였다. 실제로 대부분의 혁명은 외부의 요인이 아니라 내부적인 요인들, 즉 제국주의에 저항한 식민지민의 결의, 종교적, 인종적, 문화적, 그리고 경제적 요인들에 의해서 발생하였다. 그러한 에너지를 미국은 단지 공산주의로 가는 첫 단계로만 이해함으로써 아시아에서의 냉전을 격화시키는 정책을 취하게 되었다. 소련 역시 동아시아의 내부 사정을 이해하지 못하였다. 결국 미국과 소련은 동아시아 각국 국민들이 스스로

냉전의 상징이자 독일 분단의 상징인 베를린 장벽을 쌓는 모습(1961)

내부의 문제를 해결하기를 기다려주지 않고, 자신의 체제 이념과 국익에 유리한 방향으로 동아시아 내부 갈등에 개입하여 분열과 대립은 더욱 증폭하였다. 그리하여 한반도에는 분단정부가 들어섰고, 베트남에서는 프랑스를 대신하여 미국이 개입하면서 국토가 분단되었다. 유럽에서는 독일이 패전의 책임을 지고 분단되었으나, 동아시아에서는 막상 패전국인 일본은 분단을 면하고 식민지였던 한국과 베트남은 분단의 비극을 겪게 되었다.

동아시아의 냉전은 중국 대륙에 사회주의 정권이 수립된 1949년 이후부터 본격화되었다고 할 수 있다. 미국은 내전에서 승리한 세력이 세운 중화인민공화국의 승인을 거부하였다. 그러나 이같은 미국의 판단은 오히려 중국과 소련이 가까워지는 계기가 되었다. 소련은 신생 중화인민공화국과 1950년 2월 중소우호동맹상호원조조약, 1949년 북한과

1949년 10월 1일 천안문 광장에서 중화
인민공화국의 수립이 선포되었다.

1950년 중소우호동맹 상호원조조약이 체결
되었다. 그림은 중소우호동맹을 묘사한 만화

경제·문화 협조에 관한 협정을 체결하였다. 미국은 타이완을 중국의 진출을 봉쇄하기 위한 교두보로서 본격적으로 지원하기 시작하였다. 그리고 일본을 동아시아에서 미국의 사활이 걸린 지역으로 파악하게 되었다. 그리하여 일본 경제를 부활시켜 동아시아에서 미국의 든든한 반공 협력기지로 만들려고 하였다. 일본과 중국의 경제적 연결을 단절하고, 일본에 미국의 군사기지를 구축하는 계획을 세우게 되었다. 그리하여 일본을 항복시키고 점령한 연합국의 대표 미국은 당초 세웠던 일본에서 군국주의를 없애는 민주화 조치 대신에 '반공기지'를 구축하는 방향으로 정책을 수정하였다. 일본을 재무장시키고 일본 전역을 미군의 군사기지로 사용하는 한편, 일본에서 오키나와를 분리시켜 동아시아 군사 작전의 거점으로 삼는 정책을 실시하였다. 또한 미국은 일본의 경제 부흥을 위하여 동남아시아의 시장과 원자재의 안정적인 확보를 위해 동남아시아의 독립운동에도 적극 개입하였다. 예를 들면, 인도네시아 독립운동 과정에서 과거 네덜란드 식민지 시대와 일본 점령기(1942~45)에 유지되었던 전통적인 영주나 귀족층의 특권을 박탈하는 사회혁명이 확산되는 것을 막기 위해

미국의 아이젠하워 대통령은 도미노 현상을 빌어 베트남에 이은 동남아시아의
공산화 위험을 설명하였다.

네덜란드가 대폭 양보하게 압력을 가함으로써 인도네시아
의 독립을 지원하였다.

　한편 1954년 미국의 아이젠하워 대통령은 '도미노' 현상을 언급하
고, 인도차이나에도 개입하였다. 즉 한 나라가 공산주의 국가가 되면
주위의 나라들도 연쇄적으로 공산주의 국가가 될 것이기에, 인도차이나
에 공산주의의 확산을 막기 위하여 베트남 전쟁에 개입하는 것을 명분
화하였다. 도미노이론은 공산주의 세력을 막는다는 명분을 주었지만,
다른 한편 인도차이나 반도의 공산주의자에게 힘을 실어주는 역효과도
있었다. 그 결과 전쟁은 격화되고 그 피해는 고스란히 동아시아인들의
몫이 되었다. 유럽의 냉전과 달리 동아시아의 냉전은 열전Hot War을 동반
하였다. 동아시아의 대표적인 열전은 과거 제국주의의 식민지였다가 2
차 세계대전이 끝난 이후 분단된 한국과 베트남에서 일어났다는 공통
점을 갖고 있다.

2) 한국전쟁

(1) 한국전쟁의 발발

한국전쟁(1950. 6. 25.~1953. 7. 27.)은 동아시아에서 냉전을 격화시킨

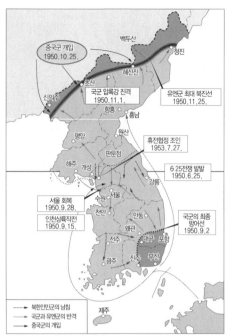

한국전쟁 전개도(위)와 대동강 철
교를 건너 남하하는 난민들(아래)

결정적인 계기가 되었다. 또한 한국전쟁의
결과 새롭게 구성된 동아시아의 국제질서는
60년이 넘게 흐른 지금까지도 동아시아의 기
본적인 지역질서로 자리매김하였다.

1950년 6월 25일 북한은 미국이 참전할
가능성이 적고, 설사 개입하더라도 본격적
으로 병력을 투입하기 전에 상황을 종결할
수 있을 것으로 판단하고 북위 38도선을 넘
어 남침하였다. 그러나 미국은 즉각 참전을
결정했다. 미국은 즉시 국제연합 안전보장
이사회 소집을 요청해 북한을 침략자로 규
정하고 북위 38도선의 원상회복을 요구하
는 결의안을 채택하였다. 당시 소련은 국제
연합군 파견 결정에 대해 수수방관하였는데,
이 점에서 한국전쟁을 둘러싼 북한과 소련의
관계에 대한 의문점이 제기되고 있다. 반면,
미국은 해군과 공군 투입에 이어 육군까지
도 참전시키는 한편, 국제연합 회원국으로
구성된 국제연합군 파병을 주도하였다. 그
리고 미 제7함대를 타이완해협에 파견하여
중국이 타이완을 점령하는 것을 무력으로
저지하겠다고 선언하는 등 적극적인 전투태
세를 보였다.

한국군과 국제연합군은 전쟁 발발 직
후 북한군의 공세에 밀려 한반도 남부 지역

까지 후퇴하였으나, 1950년 9월 15일 인천상륙작전의 성공으로 전세를 역전시켜 38선을 원상회복하였다. 이때부터 전쟁의 국면이 달라지기 시작하였다. 38선을 넘어 한반도 북쪽으로의 진격이 이어졌다. 이에 북한은 중국에 원조를 요청하였다. 10월 25일 중국이 북한의 지원 요청을 받아들여 '항미원조 보가위국抗美援朝 保家衛國'(미국에 저항하는 조선을 도와 가족과 국가를 지키자)을 내걸고 참전하였다. 중국과 북한의 연합사령부가 지휘하는 공산군의 대대적인 공세에 국제연합군은 패배하여 후퇴하였다. 한국인들의 애환이 서린 1·4 후퇴는 이때 일어난 사건이다.

이후 몇 차례의 공방전 끝에 전쟁 발발 1년 만인 1951년 6월에 전선은 38도선에서 교착상태에 빠졌다. 한국전쟁에 중국이 참전함으로써 전쟁은 자본주의 진영 대 사회주의 진영 간의 국제전의 성격을 띠게 되었다. 이는 양 진영의 '열전Hot War'으로서 제3차 세계대전으로 확대될 위기로도 비쳐졌다. 이에 미국, 영국, 프랑스, 중국, 소련 등은 전쟁의 장기화를 피하기 위해 휴전을 모색하였다. 1951년 7월부터 국제연합군과 북한·중국 간에 휴전협상이 시작되었다. 그러나 포로 송환 문제 등을 둘러싼 양측의 대립이 지속되면서 휴전협상은 성과도 없이 시간만 끌었다. 만 2년을 끌어온 휴전회담은 1953년 7월 27일과 28일 이틀에 걸쳐, 클라크 국제연합사령관, 김일성, 펑더화이가 휴전협정문에 서명함으로써 최종 마무리 되었다. 이로써 한국전쟁은 어느 한쪽의 승리도 아니고 종전도 아닌 '휴전armistice' 상태에 들어갔고, 이후 지금과 같은 비무장지대(DMZ)DeMilitarized Zone와 군사분계선이 생겨났다.

(2) 한국전쟁의 결과

한국전쟁은 현재까지도 정확한 피해 집계가 불가능할 정도로 엄청난 인명 피해를 남겼다. 한국측 통계에 의하면 사망·실종·부상·포로

한국 및 UN군 측의 전쟁피해자 추계

	전사자	부상 및 행방불명자	계		전사자	부상 및 행방불명자	계
UN군	36,772	115,257	152,029	**한국군**	130,000~ 140,000	760,000	890,000~ 900,000
미국	33,629	102,899	136,528	**한국민간인**			1,410,000
영국	670	2,692	3,362	적군 점령지역에 잔류, 학살된 자			123,000
호주	265	1,387	1,652	전투에 휩말려 사망한 자			244,000
벨기에	97	355	452	동 부상자			229,000
캐나다	309	1,235	1,544	북한에 납치된 자			84,000
콜롬비아	140	517	657	의용군으로 적군에 강제징용된 자			400,000
에티오피아	120	536	656	행방불명자			330,000
프랑스	288	836	1,124				
그리스	169	545	714	* 한국군 부상 및 행방불명자의 내역은 각각 71만 7천 명, 4만 3천 명. 이 밖에 게릴라 토벌 등으로 종군한 경찰관 1만 7천 명의 사상자를 냈다.			
네덜란드	111	593	704				
뉴질랜드	31	78	109	* 남아프리카는 민간인을 포함한다.			
필리핀	92	356	448				
남아프리카	20	16	36	* UN군은 미국방성 추계, 한국민간인은 《북한 30년사》에 의거하였다.			
타이	114	799	913				
터키	717	2,413	3,130				

빌 신, 《38선은 언제 열리나》(사이마르 출판회, 1993)를 일부 수정하여 작성

등 한국군의 피해는 90여만 명, 국제연합군은 약 15만 명에 이르렀다. 북한군은 대략 62만 명이 피해를 입었다고 본다. 중국은 한국전쟁에서 중국군 18만 명이 전사했다고 한다. 그러나 이 전쟁에서는 군인 말고도 엄청난 수의 민간인 피해가 있었다. 1955년 한국 내무부의 공식 통계에 의하면 전쟁기간 중 사망·학살·부상·납치·행방불명된 한국 민간인의 수는 약 99만 명으로 집계되었다. 여기에 북한의 민간인의 수를 합하면 그 수는 더할 것이다. 군인 이외에 민간인들의 피해가 많았던 것은 전선이 남과 북을 오르내리면서 냉전의 특성상 공산주의자와 반공주의라는 구도 하에 적군에 협력한 혐의를 받은 사람들을 처벌하였기 때문이다. 그 과정에서 무고한 많은 양민들의 학살이 있었던 것도 사실로 밝혀지고 있다.

한국전쟁 이후 남과 북의 정권은 군사력을 우선시하며 이념에 의한 체제 대립을 고착시켰다. 북한에서는 전쟁 책임을 따지는 과정에서 반대파를 제거해 김일성 체제가 한층 강화되었고, 한국에서는 반공을 최우선으로 하는 반공체제가 강화되었다. 그러나 무엇보다 커다란 후유증은 20세기 전반기까지 이어져 온 민족이라는 공동체 의식이 파괴되고 분단 의식이 강하게 내면화되었다는 점이다.

한국전쟁은 열전을 통해 냉전이 전 세계적으로 확대·심화되는 결정적 계기가 되었다. 실제 전쟁 상황을 경험하면서 군사력의 중요성이 부각되었고, 양 진영은 이념 대결과 더불어 경쟁적인 군비 증강을 본격화하였다. 또한 미국은 한국전쟁 발발을 계기로 미·일 양국의 적대관계를 서둘러서 청산하고자, 1951년 샌프란시스코 강화조약을 체결하고 미일안전보장조약을 체결하였다. 일본에게 한국전쟁은 재건과 부활에 있어서 중요한 역할을 하였다. 한국전쟁 3년간 일본은 각종 보급품과 장비를 생산 공급하고, 병기 수리 등을 통해 전쟁 특수를 누렸다. 일본은 병참기지 역할을 통해 급속한 경제 재건을 도모하는 한편 미국의 영향력 하에 반공주의가 강화되는 계기를 마련하였다. 이로써 일본은 이웃 국가를 침략했던 과거사에 대한 반성을 하지 않고도 미국의 비호 아래 국제무대에 다시 서게 되었다.

또한 미국은 군사적 수단을 중심으로 하는 '봉쇄정책'을 실시하여 동아시아에서 공산주의의 연쇄적인 확산을 막는 것에 적극적인 군사·외교 정책을 실시하였다. 이에 미국은 1953년에 한국과, 1954년 타이완과 상호방위조약을 맺고 동아시아 반공 국가와의 일대일 반공동맹을 체결하였다. 일본의 식민지배를 받았던 과거사 문제가 중첩되면서 지역 통합 경제기구나 집단안전보장체제와 같은 동맹 관계는 형성되지 않았다. 반면 북한과 중국의 동맹은 더욱 강화되었다.

3) 베트남 전쟁

(1) 베트남 전쟁의 전개

2차 세계대전이 끝난 후 과거 프랑스가 지배했던 인도차이나에서 호찌민이 베트남의 독립을 선포하고 베트남민주공화국을 수립하였다. 그러나 프랑스는 이를 인정하지 않고 베트남에 대한 지배를 포기하지 않으려 하면서, 베트남공산당 및 베트남민주공화국과 전쟁을 벌였다. 프랑스는 미국과 영국으로부터 지원을 받았지만 식민권력으로부터 독립하고자 했던 베트남 사람들의 열망을 막을 수는 없었다. 여기에 더하여 중국공산당은 호찌민을 적극적으로 지원하였다. 중국의 원조에 힘입어 호찌민의 군대는 1954년 프랑스와의 디엔비엔푸 전투에서 결정적인 승리를 거두었다. 그러나 프랑스는 베트남에서의 식민권력을 미국에 이양하고자 했으며, 이에 베트남문제를 해결하기 위한 회담이 1954년 제네바에서 개최되었다. 이 회담에 미국, 프랑스, 남베트남, 북베트남, 라오스, 캄보디아 등 9개국이 모여 휴전을 모색했다. 그 결과 베트남은 17도선을 경계로 남북으로 분할되었고, 2년 이내에 총선거를 실시하여 베트남을 통일하는 것으로 하고, 프랑스는 인도차이나에서 완전히 철수하였다. 그러나 총선거는 남부의 거부로 인해 실시되지 않았고, 남부가 단독선거를 거쳐 베트남공화국을 수립하였기에 분단은 지속되었다.

17도선을 경계로 베트남 남북 분할을 결정한 제네바 협정(1954)

1954년의 제네바협정에 의해 남북으로 분단된 베트남에서, 남베트남에 친미 정권을 유지하려 한 미국과

베트남 전쟁에 투입된 미군

남쪽의 친미 정권을 없애고 분단된 베트남을 통일하려는 베트남 공산
주의자를 중심으로 한 혁명 세력 간에 전쟁이 전개됐다. 베트남 전쟁은
과거 베트남과 함께 프랑스령 인도차이나를 구성했던 이웃나라 라오스
와 캄보디아에도 파급된 탓에 '인도차이나 전쟁'이라고도 불린다. 1964
년 8월, 미국은 통킹만에서 미국 구축함이 북베트남 어뢰정의 공격을 받
았다는 이른바 '통킹만 사건'을 조작, 직접 전쟁에 개입하였다. 1965년 2
월부터 북베트남에 대규모 폭격을 개시, 3월에 미군 해병대가 남베트남
다낭에 상륙한 것을 시발로 대규모 미군 전투부대를 투입하여, 냉전시
대 최대의 국지전인 베트남 전쟁이 본격적으로 시작되었다.

　　베트남 혁명세력은, 한국전쟁 당시 북한의 정규군이 38도선을 공
공연히 돌파한 탓에 미국을 중심으로 한 국제연합군의 개입을 초래해
막대한 희생을 치렀을 뿐 아니라 남북 분단이 고착되었다고 판단하였
다. 이러한 '교훈' 아래 북베트남 정규군이 분단선인 17도선을 공공연
히 넘어 남쪽으로 들어가지 않고, 남베트남 민중이 친미 정권을 몰아붙
이는 구도로 사태를 진전시키겠다는 전략을 채택하였다. 미국 또한 한

베트남 전쟁 당시 남베트남 해방민족전선에서 만든 지하요새, 구찌터널

국전쟁에서 미 지상군 부대가 38도선을 돌파하고 북진한 결과 중국군의 개입을 초래하였고, 그 때문에 미군도 큰 희생을 치른 것이라고 판단하였다. 베트남 전쟁에서는 지상군의 투입을 17도선 이남의 남베트남으로 한정시키고, 북베트남에 대해서는 공중 폭격만 하였으며, 또한 한국전쟁의 경험과 교훈을 통해, 미군의 지상부대가 17도선을 넘지만 않는다면 중국도 출병하지 않을 것이라는 '암묵적 양해'가 중국과 미국 사이에 있었다. 1968년부터 전쟁의 종식을 위한 파리평화회담이 시작되었다. 1969년 6월에는 남베트남민족해방전선과 평화세력연합이 중심이 되어 남베트남공화국 임시혁명정부를 수립하였다. 베트남 반전운동이 고

조되고, 베트남에서 미군 철수를 요구하는 미국 내 반전운동이 격렬해지자, 1973년 1월 미국·남베트남 정부 대표·북베트남 정부 대표·남베트남 임시혁명정부 대표가 '파리평화협정(베트남평화협정)'을 체결하였다. 그 해 3월 닉슨 대통령은 미국의 베트남 전쟁 개입 종결을 선언하고, 남베트남에 주둔했던 미군도 모두 철수하겠다고 발표하였다.

1975년 봄, 북베트남과 남베트남민족해방전선의 군사적 공세로 베트남공화국이 붕괴되었으며, 4월 30일 전쟁은 종결되었다. 이로써 남북베트남이 통일되어 1976년에는 베트남사회주의공화국이 수립되었다.

(2) 베트남 전쟁의 결과

베트남 전쟁은 승자에게도 지극히 처참한 전쟁이었다. 베트남 전쟁에 동원된 미군 병사의 총수는 300만 명, 전사자는 5만 8,000명이 넘었다. 살아 돌아온 병사들 중에도 부상당하거나 고엽제 등 독극물 살포의 후유증과 정신적 장애로 고통받는 사람이 다수에 달했다. 무엇보다도

고엽제 피해자들 집회(2015.4.7) (사진: 평화박물관 제공)

베트남전에 참전하기 위해 떠나는 한국군 환송식(1966.7)

전쟁으로 가장 큰 희생을 치른 것은 베트남이었다. 미국은 핵무기를 제외한 온갖 신형 무기를 베트남 전장에 투입해 막대한 전쟁 피해와 희생을 초래하였다. 전투 요원 사망자는 북베트남군과 남베트남해방전선이 110만 명, 남베트남 정부군이 22만 명, 여기에 민간인 피해자를 더하면 희생자는 300만 명에 달했다.

베트남 전쟁은 냉전체제 아래에서 동아시아 국가들의 전쟁 개입이 얽히면서 아시아 사회의 새로운 변모를 낳았다. 한국은 베트남 전쟁을 통해 최초로 자국 군대를 외국에 파병하게 되었다. 당시 박정희 정권은 베트남 파병을 통해 대내적으로는 국내의 불만을 다른 곳으로 돌리고, 대외적으로는 국제적 위신을 높여 군사정권의 강화와 안정을 확보하고자 했다. 한국에서는 군대 파병과 아울러, 베트남에 주둔하는 미군과 한국군에 필요한 군수물자 및 서비스, 항만 도로 건설 공사의 한국 기업 수주와 그에 부수해 파견된 한국인 노동자의 본국 송금으로 특수가 발

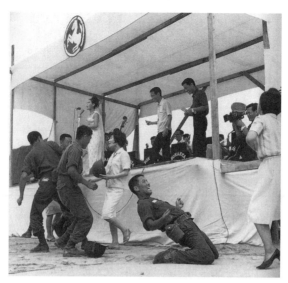

베트남 파견 장병 위문 공연 모습

생했다.

　그러나 치러야 할 대가도 컸다. 한국은 1965년부터 1973년 베트남 철수 때까지 상시 약 50,000명, 총 346,393명의 병력을 남베트남에 파견하고 약 5,000명의 전사자를 냈다. 병사로 파견된 수많은 젊은이가 희생되었을 뿐 아니라 파병 군인의 고엽제 후유증은 오늘날까지도 심각한 문제가 되고 있다. 또한, 한국군이 자행한 주민 학살로 인해 베트남 사람들의 반감을 산 것은 물론, 한국에서도 베트남 전쟁에 대한 '전쟁 책임'을 묻고 반성을 촉구하는 목소리가 높아지고 있다.

　한편, 일본 경제는 베트남 특수로 호황을 누렸다. 1965년 일본의 대미 수출은 당초 수출 목표를 초과 달성했고, 한일기본조약이 체결되어 일본의 한국 수출 또한 전년 대비 66% 가까이 증가하였다. 베트남 전쟁이 일어나 당시 미군의 군정 아래 있던 오키나와는 베트남 폭격을 맡은 B52 전략폭격기의 기지가 되었다. 당시 미군 병사들은 오키나와 북부의 산악 삼림지대를 베트남의 정글로 가정해 게릴라전에 대비한 훈련을 실시하였다. 오키나와는 미국의 베트남 전쟁에서 중요한 병참기지 역할을 담당하였다.

　베트남 전쟁의 전선은 인근 나라까지 확대되었다. 그 대표적인 예가 캄보디아이다. 미국은 북베트남군이 라오스와 캄보디아를 통해 남베트남해방전선에 군수물자를 보급해주기 때문에 전황이 불리해지는 것으로 보았다. 이 물자보급로를 이른바 '호찌민 통로'라고 불렀는데, 미국은 이 보급로를 끊기 위한 명목으로 라오스, 캄보디아 등에도 공습을 감행하였다. 1973년 미국은 2차 대전 중 일본에 사용한 전체 폭탄의 1.5배에 달하는 폭탄을 캄보디아에 쏟아부었고, 이로 인해 수십만 명이 목숨을 잃게 되었다. 이 전쟁의 여파로 라오스와 캄보디아에도 1975년 사회주의 정권이 들어서게 되었다.

　베트남 전쟁은 인도네시아에도 중요한 영향을 미쳤다. 인도네시아는 1945년 이후에도 네덜란드로부터 완전한 해방을 얻지 못하고 있었고, 이에 따라 농민들 중심의 게릴라들이 광범위하고 적극적인 게릴라 전쟁을 수행하고 있었다. 그런데 베트남 전쟁을 계기로 인도네시아에서는 농민 게릴라들에 의한 혁명을 막을 수 있었다. 미국이 베트남에 대한 강한 의지를 보였고, 이에 미국이 동남아시아를 포기하지 않을 것이라고 인식한 인도네시아 군부는 강경책을 구사할 자신감을 얻었다. 결국 1965년을 전후해 40만 명이 넘는 농민들을 사살·처형하면서 친미정권을 세우게 되었다.

　베트남 전쟁이 수렁으로 빠지면서 미국의 대외정책이 변화되었고, 특히 아시아에서의 냉전 구도에 변화가 초래되었다. 1969년 닉슨 대통령은 미국의 군사적 직접개입을 줄이고 동아시아 각국의 안보는 당사국이 1차적인 책임을 져야 한다는 내용을 골자로 하는 독트린을 발표하

미국의 반전문화 우드스탁 페스티벌

였다. 이른바 '닉슨 독트린 Nixon Doctrine'이다. 이처럼 수정된 원칙에 따라 미국은 동아시아에서 중국과의 관계 개선을 추구하였다. 이는 당시 중·소 간의 대립이 증폭되는 상황에서 중국과 소련의 대립을 부추기고자 하는 의도와 중국 시장 진출에 대한 기대감이 원인이기도 하였다. 그 결과 1979년 미국은 중화인민공화국을 공식적으로 승인하고, 1980년 초 미·중 무역협정을 발표함으로써 아시아에서 냉전은 데탕트(해빙) 무드로 돌입하게 되었다.

또한 베트남 전쟁은 2차 세계대전 이후 전개된 부조리한 세계 질서를 비판하는 반전문화, 히피문화의 등장을 촉진하였다. '68혁명'으로 불리는 사회운동을 주도한 젊은 세대들은 보수적인 가치에 대체하는 평등, 인권, 공동체주의, 생태 등의 진보적인 가치들을 주장하며 반전운동을 전개하였다. 존 레논의 전쟁 없는 세계 평화를 노래한 '이메진 Imagine'의 탄생, 반전 히피문화의 상징인 통기타와 청바지가 1970년대 한국 청년대중문화에 상륙한 것은 당시 반전문화의 한 장면이었다.

| 생각하기 |

1. 냉전체제 하에 동아시아가 겪은 전쟁이 동아시아인 공통의 문화와 정서를 만드는 데 어떠한 역할을 할 수 있을지 생각해 보자.

2. 한국전쟁이 한국을 넘어 동아시아에 끼친 경향을 생각하고, 한국이 동아시아 평화 만들기의 중심이 되는 것에 대하여 생각해 보자.

[제2부]

역동과 상생

1. 동아시아 협력과 지역공동체
ASEAN, APT, EAS, TPP

유럽연합(EU)과 북미자유무역협정(NAFTA)이 상징하듯 세계경제가 지역별로 연대·통합하는 블록화를 추구한 지는 오래다. 동아시아 지역연합체 논의의 시작은 1967년 결성된 동남아시아국가의 지역연합인 아세안(ASEAN)이었다. 그 후 세계적인 냉전체제 해체 이후 변화하는 동아시아의 경제적, 정치적, 군사적 환경을 고려한 지역공동체의 구상이 본격화하였다. 1997년 동아시아의 금융위기(IMF) 속에서 1999년 11월 필리핀 마닐라에서 열린 ASEAN+3(APT)ASEAN Plus Three 회의는 한국과 중국, 일본을 포함한 동아시아 국가들이 협력강화를 다짐하면서 역내 경제공동체 태동의 발판으로 만들고, 2005년부터 동아시아 정상회의(EAS)East Asian Summit로 발전하여 사실상 동아시아 공동협의체의 중심이 되었다. 한편 미국은 1989년 아시아·태평양 경제협력기구(APEC)Asia-Pacific Economic Cooperation와 2008년부터 환태평양경제동반자협정(TPP)Trans Pacific Partnership을 주도하며 아시아태평양지역에서 미국의 영향력을 강화하는 지역공동체를 구상하고 있다. 글로벌화와 지역화가 동시에 진행되면서 지역별로 공동체를 형성하는 움직임이 강화되는 상황에서 한국은 중국과 일본의 사이에서 하나의 완충지대로서, 또는 다자간 협력의 아시아태평양 지역공동체에서 시너지 효과를 낼 수 있는 지렛대로서의 역할을 할 수 있을지 생각해 보자.

1) 동아시아 지역협력기구의 등장

EU(유럽연합)와 같은 새로운 지역공동체가 등장했듯이, 동아시아권에 속하는 나라들 역시 국제적인 역학 관계 속에서 국가나 민족 단위의 정치, 경제, 문화적 경계를 넘어서서 새로운 지역공동체를 구축할 필요가 있다는 데 대해 많은 사람들이 공감하고 있다. 동아시아 국가들은 2차 세계대전 이후 정치적 격동기에 냉전의 각축과 대립을 겪었으나, 한국, 싱가포르, 홍콩, 타이완 등은 1970년대 GNP(국민총생산)에서 차지하는 공업의 비율을 25~40%, 즉 거의 선진국에 가까운 비율로 끌어올린 나라들이다. 이들 나라의 1인당 평균소득은 2,700~13,000달러로, 개발도상국 평균을 훨씬 웃돌았다. 저생산비로 인한 미·일 시장에의 수출 호조와 국내·인근시장을 겨냥한 생산이 고도성장의 원동력이었다. 1980년대 한국이나 타이완의 정치체제가 민주화됨으로써 역사적, 문화적 요소만이 아니라 중산층의 대두, 정보화 사회, 국제화 등의 요인 등에서 성장 가능성과 잠재력이 가장 큰 국가들로 성장하였다. 한편 1978년 중국의 개혁·개방을 필두로 베트남의 도이 모이 정책은 냉전체제를 벗어나 실리와 경제발전을 목적으로 하는 동아시아국가들의 면모를 보여주었다. 아울러 태국, 미얀마 등의 민주화는 역동적인 동아시아의 역내 의존도와 협력 구도를 더 높이고 있다. 지역 내의 협력과 상호 발전을 모색하는 동아시아 국가들의 지역협력 논의는 이러한 배경에서 나오게 되었다.

2차 세계대전 이후 동아시아 냉전체제 하에서 미국은 안보방위조약의 일환으로 일본, 한국, 타이완과 1:1의 관계로 방위조약을 맺으며 아시아의 역내 질서를 만들고자 하였다. 이러한 상황에서 동남아시아 국가들의 지역협력기구로 등장한 것이 동남아국가연합(ASEAN)Association of Southeast Asian Nations이다. 아세안(ASEAN)은 1960년대 후반 냉전시대 범세계적 지역주의 현상의 일환으로 동아시아의 새로운 지역주의를 모색한 것이다. ASEAN은 1960년대 중반 베트남과의 관계 악화 및 중국의 문화혁명 등 외부의 위협이 증대하고 동남아 각국에서 국내적으로 공산반군의 활동 확대, 세계적인 경제 불황과 보호무역주의 강화에 따른 공동 대응의 필요성에 의해 1967년에 결성되었다. 미얀마, 라오스, 태국, 캄보디아, 베트남, 필리핀, 말레이시아, 싱가포르, 브루나이, 인도네시아 등 10개국이 참여하였다. ASEAN은 ① 동남아지역의 경제성장, 사회진보, 문화발달을 증진, ② 동남아시아 지역에서의 평화와 안정 확보, ③ 이해가 공통되는 모든 문제에 관하여 상호원조 및 상호협력을 적극 추진, ④ 국민의 생활수준 향상을 위하여 효과적인 협력을 추진, ⑤ 유사한 목적을 갖는 기존의 국제기구 및 지역기구와 긴밀한 관계를 유지하는 것을 목적으로 하였다. ASEAN은 동아시아 사회주의 국가들의 개혁개방과 세계경제에서 아시아의 위치가 부상하는 가운데 'ASEAN+3(APT) ASEAN Plus Three', 2005년부터 동아시아 정상회의(EAS) East Asian Summit 등으로 발전하였다.

2) APT, EAS

APT ASEAN Plus Three 회의는 'ASEAN+3'으로 기존의 ASEAN회의에 한국, 중국, 일본의 3개국이 초청되어 열린 회의이다. 1997년에 처음 열린 APT회의는, 이 해 동아시아 지역에 발생한 금융위기(IMF금융위기) 등으로 중요성이 강조되었다. 이것은 동남아시아와 동북아시아를 연결하는 지역공동체 구상의 첫 발을 내딛은 것이었다. APT는 1999년 11월 필리핀

마닐라에서 열린 'ASEAN+3' 정상회의에서 한국과 중국, 일본을 포함한 동아시아 국가들이 협력강화를 다짐하면서 역내 경제공동체 태동의 발판을 만들었다. 여기에서 지역 간 경제협력 네트워크 구축 등의 내용을 담은 공동성명을 채택하는 한편 'ASEAN+3' 회의를 정례화하기로 하였다.

이 회의에서 사상 최초의 한·중·일 3국 정상회담이 열렸다. 한·중·일 3국은 문화적 동질성과 지리적 인접성에도 불구하고 한마디로 설명키 어려운 복잡 미묘한 관계로 얽혀있었다. 동북아 경제권의 결속이 필요함을 서로 인정하고, 쌍방간 대화는 이뤄지면서도 3국이 함께 만나 협력을 논의한 일은 없었다. 이러한 실정에서 마닐라 회동은 사상 최초의 3국 정상회담이라는 점에서 3국의 관계를 함축하는 좋은 사례라고 할 수 있다. 정상회의는 사상 처음 지역간 경제협력 네트워크 구축 등의 내용을 담은 공동성명을 채택하는 한편 'ASEAN+3' 회의를 정례화하기로 의견을 모았다. APT회의가 사실상 포괄적인 동아시아 공동협의체로 격상된 것이었다.

이러한 획기적인 사건의 배경에는 한·일간의 관계를 진전시킨 '한일 파트너십 선언'이 있었다. 1998년 10월에 김대중 대통령은 일본을 공식 방문하여 오부치 총리와 회담을 갖고 한·일 관계에 관한 포괄적인 합의에 도달하였다. 김대중 정부는 출범 직후부터 과거사 문제 등으로 삐걱거리는 한·일 관계를 획기적으로 개선하여 미래지향적인 관계를 구축하려는 목적으로 여러 가지 조치들을 취했다. 선제적인 조치로서 일본 대중문화 개방을 단행하여 일본의 협력적인 태도를 유도하였고 잦은 어업 분쟁 등을 해결하기 위한 신 어업 협정 체결에도 전향적인 자세를 견지하였다. 1998년 10월에 한일 파트너십 선언은 1965년 한·일 국교 정상화 이래 한·일 정상 간에 도달한 합의 중에서 가장 획기적이라고

할 만큼 내용적으로도 풍부하고 형식적으로도 높은 수준의 문서라는 평가를 받고 있다.

이러한 동아시아 국제관계 변화에 대한 한국 정부의 노력은 2003년 노무현 정부에서 동북아 중심으로 외교정책 노선을 선회하면서 남북한 문제와 동북아 중심이 되기 위한 '동북아 균형자론'을 제기하였다. '동북아 균형자론'은 미국의 세계경영 전략에 따른 동북아 질서 재편 구상과 여기에 편승한 일본의 동북아 패권추구 전략, 이에 반발하는 중국과 러시아의 대결구도라는 틈바구니 속에서 우리가 스스로 살 길을 찾아야 한다는 구상이었다. 'ASEAN+3'은 2005년부터 동아시아 정상회의(EAS) East Asian Summit로 발전하여 실질적인 동아시아 국가들의 대표성을 담는 공동논의기구가 되었다. ASEAN이나 EAS 두 그룹 모두 지향점은 '동아시아 공동체'를 목표로 하고 있다.

그러나 'ASEAN+3'을 통한 동아시아 경제협력과 공동체 구성 논의 강화, 동아시아 정상회의(EAS)에 역외 국가들이 포함되는 등 미국의 견제력이 작용하였다. 미국은 EAS가 중국 주도로 전개되는 것을 견제하기 위해 EAS에 대한 서방 국가들의 참여를 요청하였는데, 현재 'ASEAN+3'의 국가 외에 인도, 오스트레일리아, 뉴질랜드, 미국, 러시아가 참여하고 있다. 이와 같이 동아시아 지역주의를 내세우며 새로운 리더십에 대한 모색과 갈등이 있다. 특히 중국이 부상하면서 동아시아와 태평양지역을 둘러싼 중국과 미국의 대결구도가 형성되고 이에 일본이나 한국의 관계 형성이 영향을 받고 있다.

3) APEC, TPP

아시아·태평양 경제협력기구(APEC) Asia-Pacific Economic Cooperation는 미국을 중심으로 한 태평양 연안 지역 국가들의 경제협력을 바탕으로 기구체적 발전이 진행된 것이다. 1989년 호주 캔버라에서 개최된 제1차 APEC 각료회의에는 미국을 비롯 한국, 일본, 캐나다, 호주, 뉴질랜드, 그리고 아세안 6개국(태국, 말레이시아, 인도네시아, 싱가포르, 필리핀, 브루나이)이 참여하여 APEC이 공식 출범하였다. 미국은 미국+일본을 통해 중국을 견제하기 위하여 APEC 중심의 통합 논의를 진행하였다.

현재 아시아·태평양 다자간 자유무역협정(TPP) Trans-Pacific Partnership이 급부상하고 있다. TPP는 환태평양권인 뉴질랜드, 칠레, 싱가포르, 브루나이 등 4개 나라가 협정을 맺으면서 시작했다. 2008년 미국이 참가를 선언하면서 본격 개입하였고, 2010년에는 베트남, 말레이시아, 지난해 멕시코, 캐나다 그리고 2013년 일본까지 합류하면서 참여국이 12개로 늘어났다.

TPP는 참여국 인구 7억 8,000만 명, 명목 국내총생산(GDP) 26조 6,000억 달러, 무역규모 10조 2,000억 달러라는 어마어마한 규모이다.

2014년 베이징에서 열린 제22차 APEC 경제지도자회의

GDP면에서는 전세계 GDP의 38%를 차지하는 최대 규모의 지역경제통합체가 탄생한 것을 의미한다. FTA가 두 개 지역 간에 이뤄지는 협상이라면 TPP는 다자간에 진행하는 협상이다. 개별 FTA와는 달리 상품, 서비스·투자, 규범, 지적재산권 등의 일괄타결을 협상원칙으로 정해둔 것도 차이점으로 꼽힌다. 절차 면에서는 '관심표명→ 참여선언→ 기존 참여국의 승인→ 참여'라는 4단계 절차를 거친다는 점도 기존 FTA와 다르다.

최근 TPP는 미국 주도로 흘러가고 있는데, 이것은 미국이 TPP 참여를 선언하고 나선 가장 큰 이유 중 하나가 중국을 견제하기 위해서였기 때문이다. 미국은 새로운 자유무역권을 만들고, 이를 통해 대對중국 무역적자를 줄이려는 계획을 가지고 있다. 미국, 일본 등 주요국이 참여하고 있고 중국에게도 관심이 높을 수밖에 없는 신흥국들이 참여하고 있지만 정작 중국은 TPP 협상에 참여하지 않고 있다. 한국 정부는 2013년 말부터 TPP에 관심을 표명하고 있는데, 향후 TPP 공식 참여를 선언하기까지는 상당한 시간이 필요할 것이다. 우선 TPP에 대한 공식적인 의견

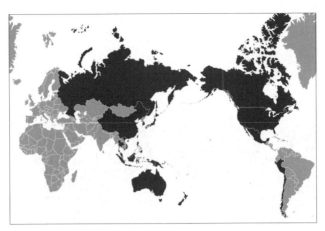

21개 APEC 가입국 분포도

수렴을 위해 관심표명 전 단계에서 공청회를 개최해야 한다. 특히 TPP는 우리 경제에 미치는 영향이 큰 만큼 관련 국내 의견수렴 작업이 매우 중요하다. TPP에 참여하는 경우 추가부담은 협상결과에 따라 달라지지만, 그 부담이 농·식품 부문에 집중될 가능성이 높다는 전망이다. 그러나 장기적으로 TPP가 아시아·태평양 지역 통상 환경의 근본적인 변화를 가져올 것이라는 점에서 주시하면서 전략적 과제를 생각해 보아야 할 것이다.

중국은 미국 주도의 다자간무역협정인 TPP를 견제하고 지역 경제 통합의 주도권을 확보하기 위하여 해상·육상 실크로드인 '일대일로' 프로젝트를 추진하며, 자국의 경제 영토를 중앙아시아와 동남아시아로 확대하고 나아가 지역 경제통합의 주도권을 확보하려 하고 있다. 중국은 2014년 11월 베이징에서 열린 아시아·태평양 경제협력체(APEC) 정상회의에서 아시아·태평양 자유무역지대(FTAAP) 구축 로드맵을 마련해 참가국 동의를 얻어내는 데 성공하였다. 그리고 아시아태평양지역 개발도상국의 인프라 투자를 위한 아시아인프라투자은행(AIIB) 설립을 위해 500억 달러를 내놓았는데, AIIB가 설립되면 미국과 일본이 주도하는 아시아개발은행(ADB)이나 세계은행(WB) 등과 경쟁 관계가 될 것이다.

4) 동아시아 상생의 평화공동체와 한반도

동아시아 지역공동체 논의에서 중요한 것은 경제적 공동체로서 번영을 실현하면서 안보위협으로부터 해방되는 평화공동체를 만드는 것이다. 평화야말로 공동번영의 정치적 기초이자 보편적 가치로서 중요한 의미를 갖는다. 한반도는 냉전 역사의 미청산과 함께 북핵문제로 평화와 안보가 심각하게 불안한 상태에 있다. 이런 맥락에서 북핵문제의 평화적 해결을 통한 한반도 평화 창출과 공고화는 반드시 이루지 않으면 안 될 필요조건이다. 갈등과 긴장, 불신과 적대라는 악순환의 고리를 청산하고 평화와 번영, 대화와 통합의 선순환을 이끌어내는 것은 한반도의 과제이자, 동아시아의 과제이며, 더 나아가 세계의 과제이기도 하다. 따라서 한반도 문제를 한반도에 국한시키지 않고 동아시아의 평화와 인류사적 관점에서 접근할 필요가 있다. 이를 위해 북한을 동아시아 공동체 안에 포함시키는 노력이 필요하다. 동아시아 다자간의 협력과 견제의 시대 속에서 한국의 생존을 위해서, 또한 동아시아에 협력공동체가 실현되는 토대를 마련하기 위해서 북한을 포함시키는 지역공동체 구상이 필요한 것이다. 냉전 시대의 제로섬적인 국가안보로부터 새로운 동북아 시대의 협력적 국제안보를 구축하기 위하여, 남북한을 포함한 역내 국가 간의 '공동안보'를 실현시키는 중장기적 안보협력 프로그램을 만들어가야 하는 것이다. 이는 곧 한반도가 갈등과 긴장을 해소하는 과정에서 동아시아 지역내 평화와 세계 평화를 위한 중요한 가교 역할을 하는 것이기도 하다. 분단국에서 협력의 발신을 쏘아올림으로써 한반도 긴장 문제가 해소되면 한반도는 동아시아와 세계 평화착의 주춧돌이 될 것이다. 분단된 한반도가 동북아 상생의 평화와 협력의 허브가 될 때 남북한 분단의 상징인 비무장지대(DMZ)는 21세기 동아시아공동체와 세계 평화의 시작점이자 귀결점이 될 것이다.

| 생각하기 |

1. EU와 비교하여 동아시아 지역공동체의 특징, 전망을 생각해 보자.

2. 동아시아 지역공동체 구상에서 한반도 문제가 기여할 수 있는 바에 대하여 생각해 보자.

2. '연행'과 '통신'의 지혜

'연행사'와 '통신사'는 17세기 중국과 일본에 보냈던 국제 외교 사절단이다. 16세기 말~17세기 초 한·중·일은 한반도를 무대로 4차례의 전쟁을 치루며 서로 전쟁에 얽혀 피해를 입었고, 중국과 일본은 정권의 교체가 일어났다. 임진왜란과 병자호란의 전쟁터로서 가장 큰 피해자이기도 하였던 한국은 중국과 일본에 교류의 사신을 보내고, 한반도와 중국·일본을 잇는 교류의 길을 열었다. 전쟁을 치르면서도 동아시아의 주변 나라들과 만남을 이어간 것은 지리적으로 인접한 국가와의 관계를 끊고는 지속적인 생존과 번영이 불가능하다는 운명적인 공생의 지혜를 깨달았기 때문이다. 만남의 회복과 지속은 서로에게 새로운 관계 개선과 밖의 세계를 알게 하는 귀중한 소통의 기회였다. 4차례의 전쟁을 치른 이후 한국이 중국과 일본에 보낸 사절단은 동아시아 지역질서가 새롭게 재편되는 시기에 동북아시아 공생의 길을 연 것이었다. 연행사와 통신사의 길은 한·일간의 우호를 상징하는 평화의 길인 동시에 베이징–서울–도쿄로 이어지는 동아시아 3국의 주요 교역로였다. 전쟁의 뼈아픈 과거를 극복하고 공존과 상생의 미래를 만들어가고자 한 역사의 지혜는 오늘날에도 많은 것을 확인하고 생각하게 해준다.

1) 17세기 동북아시아와 연행사

16~17세기 초 동북아시아는 서로 전쟁에 얽혀 전쟁의 피해를 입었고, 전후 복구 과정에서 중국과 일본은 정권 교체가 극명하게 일어나기도 하였다. 당시 임진왜란과 병자호란의 가장 큰 피해자이기도 하였던 한국은 정권은 교체되지 않았지만, 전후 복구를 위한 국가 재건의 노력을 하였다. 재건의 노력은 국내적으로 뿐만 아니라 국외적으로도 시도되었다. 중국과 일본에 교류의 사신을 보내고, 한반도를 매개로 중국과 일본을 잇는 교류의 길을 열었다. 중국에는 연행사를, 일본에는 통신사를 보낸 것이 그것이다.

연행사의 연행은 청조가 수도를 심양에서 연경(지금의 베이징)으로 옮긴 1644년부터 시작되었는데, 이때부터 1876년까지 청에 간 사행은 612회에 달하며, 사행단의 규모는 수백 명에 이르렀다. 사행단은 공식적인 외교임무를 맡은 정사와 부사, 서장관, 역관 외에 자제군관과 질정관

의주에서 압록강을 건너 요동과 산해관을 거쳐 북경까지 2,000km에 이르는 연행사 여정

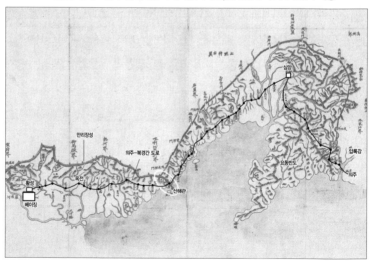

같은 비공식 수행원으로 구성되어 있었다. 자제군관과 질정관같은 비공식 수행원들은 문화사절의 역할을 했다고 할 수 있다. 조선후기 삼대 연행록으로 꼽히는《노가재연행록》(1712),《담헌연기》(1765),《열하일기》(1780)는 다 자제군관으로 따라갔던 김창업, 홍대용, 박지원에 의해 쓰여졌다.

본래 조공이란 정치적, 외교적인 기능이 위주가 되었다. 그러나 양국의 관계여하에 따라 정치적 기능보다는 문화적 기능이 위주가 되는 경우도 있었는데, 조선후기 들어 조선과 청의 관계가 그러했다. 조선후기 특히 영·정조 연간에 양국 관계는 초기의 위압적인 긴장관계에서 우호적인 선린관계로 변화하였고, 이러한 변화에 발맞춰 양국간에는 문화교류가 활발하게 되는 데 그 기능을 담당했던 것이 이른바 연행사들의 사행이었다. 연행사들은 조선과 중국을 공적 또는 사적으로 오가면서 문화를 전파하였다. 이들은 공적·사적인 기록을 남겨서 연행 과정에서 보고 들은 견문을 기록하였다. 연행사를 통한 교류에서 가장 주된 것은 서적 구입과 이로 인한 신지식의 습득이었다. 서적의 교역은 한중 양국의 문화를 서로 이해하고 접근케 하는 데 직접적인 역할을 하였다. 조선 사람들은 연행의 기회를 이용하여 수십 명의 사신들이 책을 구입하기 위해 백방으로 노력했다. 서적의 구입처로 유명한 곳이 유리창琉璃廠이었다. 유리창은 원래 청의 공부工部 산하에 있던 부속관청으로 도기陶器의 제조를 관장하던 곳인데, 이곳이 서적으로 유명하게 된 것은 청나라 초기부터였다. 연행사들은 이곳에서 적극적으로 당시 유행하는 많은 책을 갖고 조선으로 돌아올 수 있었다. 유리창은 조선의 사신뿐만 아니라 중국 국내 학자들도 서적을 구입하기 위해 찾아오는 곳이었다. 즉 유리창은 서적의 보고이자 학자들이 교류했던 장소였다. 이러다보니 유리창은 조선의 학자나 사신들에게 연경 체류 중에 한 번은 반드시 들러야

오늘날에도 고문서와 문방사우, 골동품 가게가 들어선 유리창 거리

하는 명소가 되었다.

당시 중국으로 가는 길은 명대에는 해로를 통해서 가는 길도 있었으나, 청대에는 육로로만 이루어졌다. 주요 경유지로는 평양—의주—압록강—봉황성—연산관—요동—심양—광녕—사하—산해관—통주—베이징이었다. 총 3,100리로 약 40일의 여정이었으나 실제로는 왕로는 50~60일, 귀로는 50일 정도 소비되었으며 베이징에서의 체류는 5개월 내외였다.

2) '연행'에서 얻은 것들

처음에 조선의 집권 관료나 양반들은 청조가 한족이 아닌 북방민족의 왕조라고 생각하여 한족의 명明에 대한 환상을 가지고 스스로 소중화小中華로서의 긍지와 명분으로 청조를 멸시하고 무시하였다. 그러나 17세기 후반 이후 현실적인 중국 지배자로 청조를 인정하지 않을 수 없게 되었고 청조가 전통적인 중국 문화의 계승자·발전자로서의 위치를 굳혀 나감에 따라 조선의 지식층도 청조 문화를 수용하지 않을 수 없게 되었다. 그 결과 영·정조 연간에 양국 관계는 초기의 위압적인 긴장관계에서 우호적인 선린관계로 변화하였다. 또한 베이징을 통하여 당시 서양의 모습을 접할 수도 있었다. 당시 베이징에는 1605년 마테오 리치Matteo Ricci가 천주당을 세운 이래 예수회 선교사들이 들어와 선교활동을 펼치고 있었다. 당시 베이징에는 천주당이 네 곳 있었는데, 이곳은 유럽의 선교사가 상주하면서 서구의 과학 문명 및 종교를 전파하는 진원지였다. 연행사들은 베이징 천주당에서 선교사들의 환대를 받으며 서양 그림이나 기물을 자유롭게 접하고, 서양의 진귀한 물품들을 선사받기도 했다. 연행사와 예수회 선교사들이 천주당에서 만나 나눈 대화 내용은 연행록에 적잖게 남아 있다. 여기에는 전혀 이질적인 문명을 접하는 데서 오는 충격과 경이로움, 그리고 이를 소화해내기 위한 갈등 등이 생생하게 담겨져 있다. 1704년 사행한 이이명은 예수회 선교사 수아레즈·괴들러 등에게서 천문·역법이나 산학·천주교 관계 서적을 도입하였다. 김창업·이의현·홍대용 등도 베이징 방문 시 천문이나 역법에 관한 관심을 표시하였다.

청을 통한 새로운 학풍의 도입은 조선의 '실학' 발전에도 도움을 주었다. 중국에서 청 초에 일어난 학술 사조의 특색은 주자학이나 양명학에 대한 반동으로 시작하여 수기치인修己治人의 실학을 수립하는 것이었다. 즉 양명학이 도덕 차원의 지행합일知行合一을 중시한다면 청 초의 경세학은 정치차원의 실천을 핵심으로 하였다. 이처럼 중국을 통한 서학의 섭취와 청대 학술 및 학풍의 도입은 조선의 실학 발전에 도움을 주었다. 18세기 후반 연행하였던 지식인들이 위주가 되어 '북학파'가 생겨났던 것은 문화교류의 결과였다.

연행은 조선의 지식인들에게 새로운 세계를 체험하게 한 귀중한 기회였다. 연행사들은 연행을 통해 우물 안 개구리 같은 '소중화의식'에서 벗어나 비록 오랑캐라도 배울 것이 있다면 배워야 한다는 자세를 가지게 되었다. 더 나아가서는 중국 중심의 세계관에서 벗어나 중화와 오랑캐의 구분이 무의미함을 깨닫는 계기가 되기도 하였다. 오늘날 세계화가 심화되는 가운데 우리의 삶도 단지 한국에서만 이루어지는 것이 아닐 것이다. 또한 세계 여러 나라 사람들과 만나고 함께 일할 기회도 늘어나고 있다. 17~18세기 연행은 국제교류를 통해 오늘을 살아가는 우리에게 필요한 자세가 무엇인지를 생각하게 한다.

3) 조선통신사 파견의 외교 전략

통신사란 조선왕조와 일본 간의 국제외교 사절단을 말한다. '믿음을 통한다'라는 통신通信이라는 말처럼 교류를 통해 신뢰를 쌓는 것이 목적이었다. 15세기 초에 처음 파견한 통신사는 1443년을 끝으로 파견하지 않았다가, 1590년 일본 전 영역을 장악한 도요토미 히데요시의 요청으로 다시 파견하였다. 그러나 2년 후 임진왜란이 일어나면서 통신사 파견은 다시 중단되었다.

1609년 도쿠가와 막부가 성립되면서 통신사 파견이 다시 시작되었다. 새로 성립된 막부가 조선 정부에 통신사 파견을 요청하였다. 물론 조선 정부 내에는 국교 회복에 대한 반대론과 신중론이 있었다. 그러나 당시 조선에서는 대일관계를 빨리 안정시켜 전쟁으로 인한 황폐를 복구하고, 수많은 납치된 조선인을 송환시켜 민심을 수습하며 나아가 북방의 위협에 대처해야 한다는 절박한 문제가 있었으므로 교섭에 응하기로 하였다. 조선은 두 가지 조건을 내걸었는데, 교섭을 요청하는 일본 국왕의 국서를 보낼 것과 임진왜란 중 성종과 중종의 왕릉을 파헤친 범인을 색출해 보내라는 것이었다.

조선이 도쿠가와 막부에 대해 먼저 '국서를 보내라'는 요구는 일본이 임진왜란의 침략행위를 사죄하지 않으면 강화요청에 응할 수 없다는 강한 의지를 나타낸 것이었다. 조선과 일본 사이에서 중재를 맡았던 쓰시마 번주는 이에 국서를 위조하고 가짜 범인을 체포하여 조선에 보냈다. 쓰시마가 이렇게까지 한 것은 전쟁으로 인해 단절된 교역을 재개하는 것이 그들의 사활이 달린 문제였기 때문이다. 그리하여 도쿠가와 막부와 합작으로 사무라이 정권으로서는 상상할 수도 없는 전쟁의 사과와 명의 책봉을 받지도 않은 상태에서 '일본국왕'이라는 호칭을 쓴 국서를 조선에 보내오게 되었다. 조선 입장에서도 이것이 가짜임을 알았으나 국교 회복의 명분은 세웠고, 임란 중 납치된 조선인 포로의 송환을 위해서라도 사절단 파견을 결심하였다. 이때는 아직 신뢰를 완전히 회복하지 않은 상황이라 회답사 또는 쇄환사라는 명칭을 사용하였다. 일본 국서에 대한 회답서를 가지고 가며, 임란 때 포로로 잡혀 간 조선인을 찾아서 데려온다는 의미였다.

통신사라는 이름이 회복된 것은 1636년으로, 북쪽에서 후금이 무섭게 남하하는 가운데, 조선 정부가 일본과의 화친을 중시하고 교섭을 강화하기 위해서였다. 1607년 이래 통신사는 200여 년의 기간 동안 모두 12회 파견되었으며, 새로운 쇼군의 취임을 축하하는 사절이 대부분이었다. 1868년 메이지 유신으로 인해 통신사 파견이 중단될 때까지, 통신사 교류가 있었던 시기는 조선과 일본과의 관계가 평화로운 시절이었다.

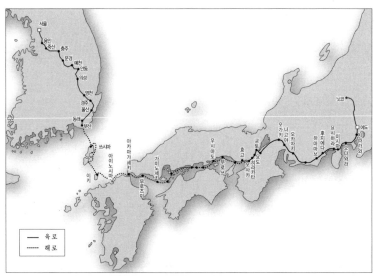

육로와 배를 이용해 부산, 쓰시마, 오사카를 거쳐 에도(도쿄)에 이르는 조선통신사의 여정

4) '통신'에서 얻은 것들

한양을 출발하여 일본까지 갔다가 돌아오는 조선통신사의 이동
은 조선과 일본의 역사에서 큰 사건이었다. 통신사 길은 조선인이 여행
할 수 있는 최장거리 코스였으며, 뱃길이 많아 위험도도 가장 높았다.
통신사의 길은 서울에서 부산까지는 육로로만 이동했는데, 서울－용인
－죽산－충주－문경－예천－안동－의성－영천－경주－울산－동래－부
산을 거치는 1,950리 길이었다. 이 길은 국내인데다 육로였으므로, 일정
이 조금도 지체되지 않고 매일 50~100리길을 갔다.

부산에서 오사카까지는 해로였는데, 쓰시마－이키－아이노시마－
아카마가세키(시모노세키)－무로즈미－가미노세키－우시마도－효고－
오사카를 거치는 3,190리길이었다. 이곳은 모두 바닷길이라 매우 위험했
는데, 특히 부산에서 아카마가세키에 이르는 외양外洋은 파도 없이 순풍

이 불 때만 이동을 하였다. 오사카 만에서 요도까지는 강로였는데, 오사카―히라카타―요도를 거치는 120리 길이었다. 요도에서 에도까지는 육로였는데 교토―오가키―나고야―하마마쓰―후지에다―요시하라―미시마―오다와라―시나가와―에도에 이르는 1,330리 길이었다.

통신사들이 서울을 떠나 일본을 다녀오는 과정에서 행한 수많은 공식·비공식적 의례와 모임, 역사적 현장, 다양한 인물들 간의 교류, 이들이 접한 수많은 소식들, 낯선 문물과 풍광 등은 수백 명에 달하는 조선 사람들은 물론, 조선 사행들을 맞이하는 일본 사람들에게도 새로운 문화충격을 안겨주었다.

조선통신사가 방문하면 일본의 유행이 바뀐다고 할 정도로 통신사행은 조선과 일본의 문물 교류의 큰 행사였다. 조선통신사가 일본에 남긴 유산으로는 당인의 춤唐人誦, 조선 가마, 필담창화筆談唱和의 시문詩文 등을 들 수 있다. 조선통신사의 행렬은 행렬 그 자체만으로도 커다란 구경거리가 되었다. 청도기를 앞세우고 정사와 부사에 이어 300명에서 500명에 달하는 행렬은 일본인의 큰 관심을 끌었다. 통신사가 왕래하는 연도 부근의 사람들은 조선 사신들의 행렬을 그림으로 그렸고, 그 행렬을 모방한 또 하나의 행렬인 마쓰리 계통의 축제도 만들어졌다. 통신사의 행렬에는 반드시 음악이 연주되었고 또한 무용도 행해졌다. 음악관계 수행원은 평균 약 50여 명에 이르렀다. 음악인들은 각지에서 의식으로써의 음악을 연주하였고, 따라서 궁중음악의 악장에 해당하는 전악典樂 외에 취고수와 세악수의 악대가 수행했다. 통신사의 행렬을 그린 많은 그림에서 취고수의 악기, 특히 태평소와 나발, 징이 등장하는 것을 볼 수 있다.

조선통신사를 통해 일본으로부터 구황작물인 고구마, 고추, 토마토, 구리, 접부채, 양산, 벼루, 미농지美濃紙 등이 조선에 전래되었다. 1763년에 통신사 조엄은 쓰시마에서 고구마를 발견하고 종자를 가지고 왔

조선통신사행렬도. 〈조선국사절환대병풍도〉 부분

다. 그는 일본 지도를 구해 베끼고 수차, 물레방아, 선박의 제도에 깊은 관심을 가지는 등 역대 통신사 중에서 일본의 문물을 도입하는 데 가장 적극적인 사람이었다. 조엄은 10월 쓰시마의 사수나포에 도착했을 때 고구마를 보고 여러 말을 부산진에 보내어 재배하게 하였는데, 1764년 봄 부산 첨사 이응혁이 절영도 조도 맞은 편 야산에 재배한 것이 한국 최초의 고구마 재배였다.

통신사를 파견하고 맞이하는 데는 막대한 비용이 들었다. 조선과 일본이 이처럼 많은 비용을 감수하면서도 교류를 계속한 것은 양국 간의 우호를 확인하고 다지는 기회로 삼았기 때문이다. 실제로 통신사가 오가는 동안 양국은 선린우호 관계를 유지했지만, 통신사가 중지되었을 때는 왜구가 발호하거나 조선을 침략하는 전쟁이 일어났다. 통신사의 길은 한·일간의 우호를 상징하는 평화의 길인 동시에 베이징—서울—도쿄로 이어지는 동아시아 3국의 주요 교역로였다. 이러한 교류의 정신을 기리면서 오늘날 매년 부산과 일본을 잇는 통신사 행렬이 한일 문화교류의 일환으로 재현되고 있다.

1. 왜 조선 정부는 임진왜란과 병자호란의 치욕을 겪었으면서도 일본에는 통신사를, 청에는 연행사를 파견했으며, 이러한 사절단 파견을 통해 조선이 바란 것은 무엇이었는지 생각해 보자.

2. 21세기에 필요한 연행사와 통신사의 모습을 상상해 보자.

3. 흑묘 백묘의 중국

중국은 한국의 이웃국가로서 오랜 유교와 중화주의의 나라였다가, 20세기 아시아의 강력한 공산주의 국가로 등장하였다. 1949년 중국은 공산주의 혁명으로 중화인민공화국 수립을 선포한 이후 사회체제와 이념의 개혁에 치중하였었다. 그러나 '문화혁명' 이후 1970년대 말부터 개혁개방정책을 추진하며 실용주의 경제개혁을 추진하였다. 그 결과 중국은 미국과 함께 세계 2위의 경제 강국으로 대두하였다. 국제적 위상 또한 크게 신장하여 동아시아의 새로운 중심국가로 등장하였고, 아시아태평양 지역의 정치, 경제, 국제 관계의 주도권을 놓고 미국, 일본과 경쟁을 하고 있다. 중국은 동아시아의 중요한 일원이자 남북이 분단된 한반도의 문제에 직접 개입할 수 있는 6자회담의 의장국이다. 이러한 중국의 변화를 가능하게 한 중국의 개혁개방정책을 '흑묘백묘론'이라고 한다. 검은 고양이든 흰 고양이든 쥐만 잘 잡으면 된다는 뜻으로, 1978년 덩샤오핑이 중국의 도약을 위한 다양하고 유연한 방향성을 비유한 것이다. 그 후 30여 년이 지나면서 중국의 변화는 급속히 일어났고, 가시화되었다. 변화하는 주변 정세 속에서 격동하는 중국의 실상을 이해하고, 동아시아 파트너로서 중국과의 관계에 대하여 생각해 보자.

1) 중국의 개혁개방정책과 대국굴기

1978년 덩샤오핑鄧小平에 의해 추진된 중
국의 '개혁개방정책'은 1949년 중국의 공산주
의 혁명과 중화인민공화국의 탄생 이후 혁명
의 2, 3세대를 만들면서 이념보다 경제부흥
을 위주로 하는 정책을 실시하였다. 마오쩌
둥의 혁명이 이념 지향의 혁명이었다고 하면,
덩샤오핑에 의해 주도된 개혁개방정책은 이
른바 '흑묘백묘론黑猫白描論'으로 불리는 실용
주의 경제개혁이었다. 흑묘백묘론이란 검은
고양이든 흰 고양이든 쥐만 잘 잡으면 된다

1978년 중국의 개혁개방정책을
도입·추진한 정치가 덩샤오핑
(1904~1997)

는 뜻으로, 중국을 발전시키는 데는 자본주의나 공산주의나 무관하다
는 중국의 경제정책, 실용주의를 비유한 표현이다. 그 뒤 흑묘백묘론은
1980년대 중국식 시장경제를 대표하는 용어로 자리 잡았고, 덩샤오핑의
이러한 개혁·개방정책에 힘입어 중국은 비약적인 경제발전을 거듭하였
다. 다시 말해 경제정책은 흑묘백묘식으로 추진하고, 정치는 기존의 공
산주의 체제를 유지하는 정경분리의 정책을 통해 덩샤오핑은 세계에서
유례가 없는 중국식 사회주의를 탄생시켰다.

중국의 개혁개방정책 이후 30여 년이 지나 중국은 2014년 현재 GDP
총량 세계 2위, 외환보유고 1위, 무역교류량 1위 등 굵직한 지표뿐만 아
니라 시멘트, 화학비료, TV수상기, 조강 등 170여개 산업에서 산업생산
량 1위 등 세계적 수준의 높은 경제력을 보여주었다. 생활수준 또한 크
게 성장해서, 1978년 20만 명에 불과했던 중국의 해외 관광객은 2014년 1
억 1,600만 명으로 늘어나게 되었다. 미국의 격월간 외교전문지인 '포린

9개 대국의 흥망을 통해 대국의 길을 찾아가려는 중국의 메시지를 담은 CCTV 제작 〈대국굴기〉

폴리시 Foreign Policy'는 '구매력 평가(PPP)' 기준으로 중국의 국내총생산이 2020년 미국의 28조 달러보다 많은 30조 달러에 이를 것이라고 전망했다. 2014년 하반기 구매력평가(PPP) 기준에서 중국 GDP가 미국의 17조 4,160억 달러보다 앞선 17조 6,320억 달러를 기록했다고 국제통화기금(IMF)은 발표하였다. 중국은 이러한 경제력을 바탕으로 명실상부한 동아시아의 새로운 중심국가로 등장하였고, 아시아·태평양 지역의 정치,

경제, 국제 관계의 주도권을 놓고 미국, 일본과 경쟁을 하고 있다. 북핵 문제 해결을 위한 다자간 회의 조직인 6자 회담의 의장국이기도 하다. 중국은 21세기 새로운 대국으로 일어서는 '대국굴기大國崛起'의 주인공으로 부상하고 있다.

중국은 경제성장의 변화로 새로운 세대들을 탄생시켰다. 2010년 대학졸업자수 6,500만에, 1978년부터 2012년 말까지 중국학생의 해외유학 인원은 총 2,644,700여 명에 이른다. 이들은 중국 내의 대학과 연구소의 고급두뇌로 활약하고 있다. 개혁개방과 경제성장의 결과 중국 사회 내의 인적구성의 질적 변화와 사회구조의 재편도 일어나 고등교육이 확산되는 한편 해외진출을 통해 글로벌 인재들도 나타나고 있다.

그러나 이러한 중국의 개혁개방과 경제성장의 결과, 빈부의 격차와 지역적 격차의 심화가 나타났다. 중국은 빈부격차 세계 1위라고 할 수 있다. 베이징北京대 중국사회과학조사센터가 2014년 7월 발간한《중국민생발전보고 2014》에서 자산을 기준으로 산출한 결과 2012년 중국의

동방명주탑에서 바라본 상하이(왼쪽)와 전통과 현대가 공존하는 위위안상창(豫园商场)(오른쪽)

지니계수는 0.73인 것으로 드러났다. 소득 불평등 정도를 나타내는 지니계수는 0과 1 사이의 값을 가지며 0.4 이상이면 불균형이 비교적 크고, 0.6 이상이면 폭동 등을 유발할 수준인 것으로 여겨진다. 보고서에 따르면 중국의 상위 1% 부자는 전국 자산의 3분의 1 이상을 갖고 있고 하위 25%는 자산의 1%만 보유하고 있다고 한다. 이는 덩샤오핑 이래 실용파가 집권하면서부터 추진해온 개혁개방정책이 중국인의 생활수준 향상과 함께 제반 정치·경제적 부작용도 낳은 것을 보여준다. 정치적 사회적 문제가 양산됨에 따라 중국 정부에 대한 불만이 커지기도 하였다. 그러한 불만을 해소할 정치 개혁을 요구하는 목소리를 무력으로 진압한 톈안먼天安門 사건은 중국 사회 내부의 민주주의에 대한 우려를 낳기도 하였다.

　톈안먼 사건은 1989년 6월 4일, 후야오방胡耀邦의 사망을 계기로 톈안먼 광장에 모인 학생과 시민들의 민주화 시위를 중국 정부가 무력으로 진압한 사건이다. 공식 발표로는 민간인 사망자 300여 명, 부상자 7천여 명이 발생한 사건이다. 비공식 집계로는 5천여 명 사망, 3만여 명 부상이라는 주장도 있으나 확인되지는 않았다. 덩샤오핑은 경제개혁을 통해서 중국의 근대화와 강대국 도약을 추진하였지만, 정치개혁을 할 의사는 없었던 것이다. 중국사회의 개혁개방을 통한 발전의 이면에는 발전과 함께 해결해야 할 사회 문제를 동시에 양산하고 있다.

2) 신중국론과 중화 부흥

베이징 시내 798지구 갤러리에 전시된 중국식 자본주의를 이미지화한 디자인

중국의 경제성장과 새로운 강대국으로 떠오른 지난 10년 동안 중국은 신중국, 즉 새로운 중국을 표방하며 과거 중화주의의 부흥을 도모하는 가운데 주변국에게 긴장과 위기감을 불러일으키고 있다. 중국은 자본주의를 사회주의에 도입한 '홍색자본주의'를 중국형 성장모델로 삼아 21세기 새로운 부흥을 도모하는 전략을 추진하였다. 그것은 19세기 중국이 서양이나 일본에게 과거 아시아의 대국으로서의 권위와 자존심을 손상 당했던 것을 만회하고, 중국이 세계의 중심이라는 이념을 구현하는 중화주의의 부활과도 일맥상통한다.

중화주의는 주변 민족과의 경계 짓기를 통해 한족 중심의 중국을 만드는 천하사상이었다. 중화주의의 시작은 한나라 때 만리장성을 확장하였던 한무제漢武帝가 유학을 국교로 삼으면서 본격화하였다. 유학의 정치이론인 천명天命사상에 따르면 하늘에서 천명을 받는 천자天子가

원래 무기공장지대였으나 철거된 후 2006년 문화창의산업특구로 지정된 베이징 798지구

천하를 통치할 수 있는데, 천명을 내리는 하늘은 중국의 하늘이고 천명을 받을 수 있는 조건과 자격을 갖춘 자도 중국 민족의 덕목을 갖춘 자, 즉 한족漢族에 한정되었다. 중국 민족만이 천자가 되어 천하를 통지

만리장성 관광지 거용관 입구에 세워진 '부도장성 비호한(不到長城 非好漢)' 즉, '장성에 오르지 않으면 대장부가 아니다'라고 쓴 마오쩌둥의 비석

할 수 있다는 이러한 사상이 바로 중화주의 사상이다.

주변국과 경계 짓기를 통해 형성된 중화사상은 중국의 개혁개방 30여 년이 지나면서 중국의 성장과 함께 부활하기 시작하였다. 그것은 중국내 소수민족에 대한 자치권을 약화시키고, 주변 국가와의 역사적 분쟁을 낳고 있다. 중국이 추진하고 있는 이러한 중화 부흥의 지역 프로젝트는 동북지역(랴오닝성, 지린성)에 대한 동북공정, 신장新疆 위구르자치구에 대한 서북공정, 시짱西藏 티베트자치구에 대한 서남공정(서부 대개발－칭짱철도 칭하이성 시닝~티베트 라싸(1,956㎞) 등이 있다. 또한 창춘, 지린, 토먼圖們을 개발하여 북한의 나진 선봉지구와 연계되는 태평양 진출 계획을 추진하고 있다.

오늘날 중화인민공화국은 다민족 통일국가를 지향한다. 비록 한족과 55개의 소수민족으로 구성된 다민족국가이지만, 모두 중화인민공화국의 국민이라는 것이다. 이것은 중화의 이름으로 소수민족을 국민으로 통합하는 통치의 입장을 표방한 것인데, 현실적으로는 티베트와 신장 위구르 자치구의 반발에서 보듯이 중국내의 소수민족과의 갈등은 쉽게 가라앉지 않고 있다. 중국 정부의 소수민족 정책은 중화주의에 의해 점차 동화정책으로 가는 방향을 보이고 있는데, 이 점은 주변 국가들과의 선린 외교에도 갈등 요인이 되고 있다.

실제로 오늘날 중화주의는 주로 중국 자국민만을 위한 자국가중심주의-내셔널리즘으로 쓰이고 있다. 중국인들이 2012년 센카쿠열도(중국명 댜오위다오)를 놓고 일본과 영토 분쟁·외교분쟁이 벌어지자, 일본 제품 불매운동을 펼친 사실이나, 이를 CCTV를 비롯해 중국 정부가 지지하는 모양새를 띤 것은 그 대표적인 사례일 것이다. 그러나 중화주의는 다자간의 균형과 조화를 위한 포용과 경륜의 사상이 될 요소도 갖고 있다. G2로 떠오르는 중국이 동아시아에서 다자간의 균형과 조화의 리더로서 중화주의를 긍정적으로 활용할 때 동아시아와 세계의 리더로서의 위상은 높아질 것이다.

3) 중국의 꿈中國夢, '일대일로 프로젝트'

중국의 주석 시진핑은 2013년 APEC회의에서 '일대일로一帶一路' 프로젝트를 언급한 이래 2015년 한국의 정기국회에 해당하는 양회(중국인민정치협상회의, 전국인민대표대회)에서 '일대일로'를 정식 공표하고 구체적인 전략을 제시하였다. '일대일로'란 중동을 거쳐 유럽을 잇는 육상 실크로드絲綢之路經濟帶 : 帶와 아시아와 아프리카 해상을 잇는 21세기 해상 실크로드21世紀海上絲綢之路 : 路의 끝 자를 따서 만든 신조어이다. '일대'란 '신 실크로드 경제벨트'를 의미하며 중국 서북지역에서 중앙아시아를 통과하여 유럽까지 연결하는 유라시아 육상 무역통로이고, '일로'란 '21세기 해상 실크로드'를 의미하며 중국 동부 연안지대에서 동남아시아를 거쳐 인도양과 아프리카를 연결하는 해상 무역통로를 의미한다. 결국 '일대일로'는 육상·해상 실크로드로서 시진핑 정부가 당나라(육상)와 명나라

(해상)의 실크로드 옛 영광을 재현하고 중화민족의 위대한 부흥이라는 중국의 꿈中國夢을 실현하기 위한 대규모 대내외 프로젝트다.

일대일로 노선에 걸쳐있는 국가는 인구 규모와 경제규모가 각각 전 세계의 63%와 29%를 차지한다. 중국은 일대일로 건설을 통해 해외 에너지, 자원, 시장 개척에 더욱 박차를 가하고, 이를 위한 상품과 설비, 노동력을 국외로 수출한다는 계획이다. 대다수가 신흥 경제권과 개발도상국으로 총인구는 44억 명에 달하며 경제 총량은 21조 달러에 육박한다.

일대일로는 개발도상국에 대한 중국의 영향력 확대와 중국의 과잉산업 문제 해결을 도모할 중국의 중장기 국제전략이다. 다시 말해, 중국 주변의 20개 인접국 모두를 아우르는 경제협력 실크로드를 구축하고 이를 동아시아 해양루트와 연결하는 국가 차원의 거대 프로젝트다. 사업의 규모와 막대한 소요비용으로 인해, 2차 세계대전 이후 미국이 유럽을 원조했던 마셜 플랜에 비유되기도 한다. 미국의 마샬 플랜이 2차 세계대전 이후 피폐해진 유럽을 재건한 것이었다면, 중국의 '일대일로'는 이 지역에 있는 개발도상국의 부흥을 도모한다는 것이다. 다시 말해 일대일로를 통해 세계 60여 개국을 아우르는 총 인구 44억 명, 경제규모 21조 달러의 메가 경제권을 건설한다는 것이 중국의 포부이다. 중국이 필요로 하는 에너지와 광물 자원을 중앙아시아 국가들로부터 받는 대신에, 중앙아시아 국가 개발에 필요한 인프라 및 건축물을 건설해 주고, 중국 국내에 남아도는 시멘트와 철강 등 소재 산업의 공급과잉 상황도 해소하겠다는 일석 삼조의 매우 야심찬 계획이다. 현재 중국이 추진중인 6대 경제회랑은 ▲중국-몽골-러시아 ▲신新유라시아 대륙 교량 ▲중국-중앙아시아-서아시아 ▲중국-인도차이나 반도 ▲중국-파키스탄 ▲방글라데시-중국-인도-미얀마(BCIM)로 이뤄졌다. 이 가운데 중국-파키스탄 경제회랑을 비롯한 일부 프로젝트에서는 이미 실질적인 성과가 나타나고 있다. 중국과 파키스탄은 2015년 4월 시진핑 국가주석의 방문을 계기로 파키스탄 과다르 항에서 중국 신장新疆 위구르자치구까지 3,000km 구간에 철도, 도로, 가스관을 건설하는 460억 달러 규모의 '경제회랑' 사업을 공동 추진하기로 합의했다.

신新해상 실크로드인 '일로'는 600년 전 명나라 정화鄭和의 남해 원정대가 개척했던 남중국해-인도양-아프리카의 바닷길을 다시 장악하는 것을 목표로 한다. 아프리카는 이미 오래전 중국과의 해상을 통한 접촉을 경험한 바 있는데, '일로'는 기존의 중국 해상 실크로드 전략이었던 중국-미얀마-파키스탄으로 이어진 '진주 목걸이'를 아프리카까지 그 영역을 확대한다는 전략이다. 이 같은 중국의 '진주 목걸이' 연장은 중국의 정치, 경제적 위상에서 아프리카의 전략적 가치가 높아졌다는 것을 의미하기도 한다. 2000년 이후 중국 정부는 아프리카에 대해 공을 들이고 있다. 아프리카는 중국의 산업발전에 있어 필수적인 자원 확보지이지만, 유엔UN 회원국의 25% 이상을 차지하는 곳으로서 중국 국제정치의 위상을 높이는 데에도 중요한 대상이다. 이러한 배경에서 중국 정부의 고위 인사들은 해마다 아프리카대륙을 방문하고 있으며, 특히 중국 외교부장관은 1991년 이후 매해 첫 해외방문지로 아프리카를 택하고 있다.

중국 정부는 중앙아시아, 동남아시아 나아가 유럽과 아프리카 지역과 중국의 경제통합을 목표로 '일대일로 경제권' 구축을 위해 2013년 아시아인프라투자은행(AIIB) 설립을 제안하였다. 이어서 중국이 낙후된 아시아지역의 개발을 위하여 위해 500억 달러를 내놓고, 신 실크로드 펀드 설립을 위해 400억 달러를 조성하여 아시아인프라투자은행(AIIB)은 가시화되었다. 2015년 4월 현재 아시아인프라투자은행에 영국·인도·베트남·태국·필리핀 등 57개국이 참여 의사를 밝힌 상태다. 아시아태평양 지역 개발도상국의 인프라 투자를 위한 AIIB가 설립되면 미국과 일본이 주도하는 아시아개발은행(ADB)이나 세계은행(WB) 등과 경쟁 관계가 될 수밖에 없다. 현재 미국은 지배구조의 투명성이 확보되지 않았다며 AIIB 설립에 반대 입장이다. 그러나 중국은 미국의 반대를 무릅쓰고 영국을 참여시킨데 이어 호주의 승낙을 이끌어냈다. 필리핀, 인도네시아, 싱가포르 등은 현재 남중국해 영토 문제로 중국과 불편한 관계에 있음에도 불구하고 실리적인 관점에서 참여 결정을 내렸다. 한국 정부는 중국으로부터 일찍부터 창립회원 가입을 요청받았으나 미국의 눈치를 보다가 막판 시한에 쫓겨 2015년 3월 26일 AIIB 가입을 결정하였다. 가입의 최적기를 놓치면 선점에 따른 이익을 상실할 수 있다. 한국은 개발금융에서 어느 나라보다 풍부한 경험과 노하우가 있을 뿐만 아니라 인천 송도에 유치한 녹색기후기금(GCF)과 협력한다면 AIIB의 주도적인 역할을 할 수도 있다. 그것이 잘되면 한국은 아시아 개발도상국을 도우면서 중국과 서방국가들의 가교 역할을 할 수 있다. 동아시아에 부상하는 중국과 이를 견제하려는 미국 사이에서 한국은 보다 실효적인 외교 전략을 적시에 실행하는 지혜와 역량을 발휘해야 할 것이다.

| 생각하기 |

1. 중국의 개혁개방정책 이후 변화된 중국의 여러 측면에 대하여 생각해 보자.

2. 오늘날 신중국의 중화 부흥이 동아시아 국제 교류에 끼칠 영향과 한국의 입장을 생각해 보자.

4. 도이 모이, 아웅산 수치의 인도차이나

인도차이나 지역은 역동적인 변화의 속도가 가장 빠른 곳 가운데 하나이다. 19세기 이래 태국을 제외한 대부분의 인도차이나 지역의 국가들은 유럽 열강의 식민지 지배를 받고 경제적으로 저발전국으로 전락하였다. 식민지의 경험은 약소민족으로서의 민족주의적 독립과 해방의 열망을 키워왔고, 경제적 저발전의 굴레에서 벗어나는 것을 소망하게 하였다. 그러나 2차 대전 후 유럽의 식민지로부터 해방된 이후 공산주의와 권위주의·독재정치를 경험하였고, 냉전의 각축과 대립을 겪었다. 20세기 중반 이후 인도차이나의 국가들은 경제발전과 민주화라는 공통의 역사적 과제를 해결하고자 노력해왔다. 1980년대 이후 개혁개방, 자유화, 민주화 등의 변화가 나타나기 시작하였다. 그후 인도차이나 지역의 국가들은 과거부터 현재까지 끊임없이 변화하는 가운데 발전의 연속성이 가장 빠르게 나타나고 있는 지역으로 주목받고 있다. '도이 모이Doi Moi'라는 개혁개방정책을 통해 전쟁터를 시장으로 바꾼 베트남, 오랜 민주화 투쟁으로 노벨평화상을 수상한 아웅산 수치가 있는 미얀마는 그러한 역동적인 인도차이나의 모습을 잘 보여주고 있다.

흔히 '인도차이나'로 불리는 동남아시아

1) '인도차이나', 식민 잔재와 군사 독재

인도와 중국 사이에 있는 동남아시아를 가리켜 흔히 '인도차이나'
라는 말을 사용하는데, 이것은 프랑스가 이 지역을 식민지로 삼으면서
사용한 용어이다. 그만큼 이 지역을 보는 관점에는 유럽에 의한 식민지
적 관점이 작용하고 있다. 동남아시아는 19세기 말까지 대부분 유럽 국
가들의 식민지가 되었다.

서양인들의 식민주의는 동남아시아 근대사의 형성에 있어서 정치
적으로 뿐만 아니라, 경제적·사회적으로도 깊고 지속적인 영향을 미
쳤다. 식민지배와 더불어 동남아시아에 진출한 서구 자본은 시장경제
의 원리를 토착 사회에 적용하여 최대의 이익을 추구했다. 전통적으로
농경 사회인 동남아시아에서 서구 자본은 무엇보다도 농업에 집중되
었다. 그 결과 벼농사가 상업화되었고, 특히 플랜테이션이 도입되어 상

업 작물들이 대규모로 생산되었다. 식민주의 시대 동남아시아에서 경제적 발전은 외형적인 번영과 내부적인 빈곤이라는 모순적인 구조를 낳았다. 식민 체제하에서 한편으로는 수출 경제가 호황을 누리고, 전체적으로 국민총생산이 증대되었으며, 특히 토착 지주, 식민 관리, 고리대금업자 등이 부유해졌다. 그러나 다른 한편에는 농촌의 부채와 빈곤 그리고 이로부터 야기된 현상으로 농민들의 불만이 증대되었다. 또한 전통적인 공간의 상업화와 도시화를 가져와서, 시장과 무역이 도시의 중심축을 형성하게 되었다. 또한 쿠알라룸푸르, 호치민, 메단 등 새로운 행정, 교통 중심지들과 하이퐁, 페낭, 싱가포르, 양곤 등 수출 무역을 위한 새로운 항구 도시들이 발전했다.

식민시대 경제적 변화, 도시화로 인한 사회적 변화 중 한 가지 주목할 것은 외국으로부터의 많은 이민의 유입이다. 특히 19세기부터 영국, 프랑스, 네덜란드, 스페인의 식민지에 많은 중국인이 이주했다. 또 인도인이 대규모로 유입되었는데, 그것은 주로 영국 식민지에서 일어났다. 이 '외래 아시아인foreign orientals'의 유입으로 동남아시아의 대부분 국가에서는 소위 '복합사회plural society'의 문제가 생겨났다. 복합사회는 사회의 상층부에는 서양인들이, 하층부에는 토착 원주민들이, 그 사이에는 인도인과 중국인 등 아시아 이민사회가 놓여 있는 구조를 일컫는다. 동남아시아의 복잡한 종족·지역·종교 갈등의 대부분은 아시아 이민자들을 불러들이고 국경을 자신들 마음대로 확정한 서구 식민주의의 유산이다. 그 유산은 동남아시아의 신생 독립국 정부들에게 국민통합의 과제로 넘겨졌다.

대부분 식민지였던 인도차이나는 한국과 마찬가지로 제국주의로부터의 '해방'이 곧바로 '독립'이 되지는 못했다. 제국주의에 의한 수탈과 지배분할의 산물인 빈곤과 분열은 신생 독립국가를 안정된 정치와

인도네시아의 군인·정치가 수하르토
(1921~2008). 1968~1998년까지
7선 대통령을 역임했으나, 금융위기로
인해 물러났다.

경제가 아닌 극도의 혼란으로 몰아갔다. 그리고 이러한 혼란을 배경으로 '인권'과 '민주주의'를 무질서의 주범으로 몰아붙이는 독재체제가 구축되었다. 인도네시아와 미얀마에서 등장한 군사독재가 그 대표적인 예였다. 인도네시아는 네덜란드와의 전쟁 와중에 1948년에 공산주의자들이 일으킨 '마디운 사태Madiun Affairs'와 이슬람 신정국가 수립을 추구한 '다룰 이슬람Darul Islam 운동'을 겪었다. 인도네시아 공화국의 군대는 반란을 성공적으로 진압함으로써 그 위상을 강화하였고, 군부는 국가 운영에 있어서 자신의 역할을 강하게 내세우는 등 인도네시아의 정치에 적극적으로 개입하게 되었다. 그것은 특히 1966년에 정권을 장악한 수하르토Suharto의 시대에 뚜렷하게 나타났다. 미얀마는 영국으로부터 독립 후 사회주의와 연방제를 채택하였으나, 군사 독재에 의한 정치를 50년간 지속하였다. 태국과 필리핀, 통일 이전 베트남에서도 부패한 권력으로 인해 불안한 정세가 계속되었다.

그렇지만 이들 지역에서도 한국과 마찬가지로 1980년대 중·후반부터 민주화가 진전되기 시작하였다. 특히 1986년 필리핀에서의 '피플파워People Power'에 의한 마르코스 독재정권의 붕괴는 당시 군사정부 치하에 있던 한국 시민사회를 크게 고무시켰다. 그리고 역으로 5·18 민주화운동, 6월 민주항쟁, 전두환·노태우 두 군 출신 전직 대통령에 대한 처벌 등 한국 사회에서 있었던 일련의 민주화운동과 그 제도화 과정은 민주화 과제를 떠안고 있던 동남아시아 사회에도 교훈과 지침이 되었다. 이러한 민주화의 과정을 통해 동남아시아 국가들은 식민 잔재를 극복하고 동아시아의 새로운 발전과 번영의 동반자로 부상하였다.

2) 전장에서 시장으로, 베트남

1980년대 중·후반에 들어와 옛 소련이 주도하였던 페레이스트로이카의 영향으로 사회주의권이었던 인도차이나 반도 역시 개혁·개방을 취하기 시작하면서 동남아시아 지역을 짓누르고 있던 냉전적 기류가 퇴각하기 시작하였다. 바야흐로 동남아시아에서는 '전장에서 시장으로'라는 다분히 실용주의적 구호가 힘을 받기 시작하였다. 여기에 달러화의 가치를 떨어뜨리는 대신 동북아시아 경제권의 화폐 가치를 올린 '플라자 합의Plaza Accord'가 동남아시아 지역에 일고 있던 시장의 움직임을 동북아시아와 이어지도록 하였다.

그 선두 주자는 베트남이었다. 베트남은 1975년 '제2차 인도차이나 전쟁' 즉 베트남 전쟁에서 승리한 이후 1976년 1월 남북 총선거를 실시하여 국민의회를 구성하고 1976년 7월 베트남사회주의공화국(SRV) Socialist Republic of Vietnam 체제를 채택하였다. 1977년 유엔에 의해 베트남은 공식 승인을 받았다. 1986년 제6차 공산당대회에서 경제난관 타개를 위해 '도이 모이 Doi Moi'(쇄신刷新) 경제정책 실시를 결정하고 지금까지 개혁개방 정책을 실시하고 있다. 베트남 거리에서 가장 많이 볼 수 있는 것은 전통적인 여성 복장인 아오자이와 거리를 가득 메운 오토바이이다. 베트남어의 '아오'는 옷, '자이'는 길다는 뜻인데, 아오자이는 즉 긴 옷이라는 뜻이다. 통이 넓은 바지와 길이가 긴 상의로 되어있는 아오자이는 18세기에 중국의 청나라에서 들여온 치파오旗袍의 영향을 받은 것으로, 상의는 중국의상의 영향을 받아 길게 트여 있고 깃은 중국식 칼라로 되어있다. 바지는 풍성하게 만들어서 통기성이 좋다. 흰색 아오자이는 보통 교복인 경우가 많다. 또한 베트남 거리는 오토바이의 천국이라 할 정도로 자동차보다 오토바이가 더 많다. 경제성장의 결과로 오토바이는 베트남 사람들의 일상에 깊이 들어오게 되었다. 한 집에 몇 대씩 오토바이를 갖고 있고, 오토바이는 사회 신분을 나타낼 정도인데, 1986년 '도이 모이 Doi Moi' 정책 이후 시장경제체제를 유입하여 경제개혁을 추진하면서 변화된 모습이다.

베트남은 국경을 접한 중국의 안보적 위협을 견제하면서 경제적 도움을 얻기 위한 친소 원조경제정책을 실시하는 한편, 1986년 도이 모이 이후 경제 자유화를 위한 외교정책을 강화하여 아세안ASEAN 국가들과 지역적 연대를 굳건히 하기 시작하였다. 한국과는 1992년 수교를 맺고 경제적, 문화적, 인적 교류가 점차 증가하고 있다. 베트남과의 수교가 진전되는 데에는 한국 정부의 과거 베트남 전쟁에 대한 사과가 있었다. 1998년 김대중 대통령은 베트남을 방문해 호찌민 묘소에 참배하고 양국의 불행에 대해 사과하였다. 또한 2001년 베트남 쩐 득 르엉 국가 주석이 한국을 방문했을 때, '우리는 불행한 전쟁에 참여해 본의 아니게 베트남 국민들에게 고통을 준 데 대해 미안하게 생각하고 위로의 말씀을 드린다'고 공식 사과를 하였다. 피해 지역에 교실 580개를 지어주기도 했다. 이러한 공식 사과를 시작으로 양국의 포괄적 동반자 관계를 선언하였다.

최근 한국은 베트남에 가장 많은 기업이 진출한 나라가 되었다. LG, 포스코, 삼성 갤럭시S, 현대, 한화, 부영아파트, 금호타이어 … 하노이 노이바이 국제공항에 도착해 시내로 가는 길에 수없이 많은 한국 기업의 광고판을 볼 수 있다. 베트남 시장에 진출한 기업만 3,000여 개, 직접 고용만 60만 명이 넘는다. 베트남 최고층 빌딩인 '랜드마크72'와 하

베트남 사람들의 일상이 된 오토바이. 베트남의 경제 성장과 문화를 보여준다.

노이 외곽의 신도시 개발을 주도하는 것도 주로 한국 기업이다. 베트남인들은 한국 기업가들의 자서전을 번역해서 읽고, 한국의 경제발전 모형 등에 대한 연구를 많이 한다. 베트남은 한류를 가장 뜨겁게 받아들인 나라이자, 한국에 중국 다음으로 많은 신부를 보내는 '사돈의 나라'이기도 하다. 그러나 한국 사회에는 아직 베트남에 대한 동등한 인식이 부족한 부분이 있다. 그 나라 고유의 문화와 역사를 존중하고 윤리적으로 행동할 필요가 있으며, 인도차이나 반도의 거점이란 인식에서 베트남을 이해하고 교류를 맺는 것이 필요하다. 특히 베트남의 주변국인 태국이 일본과 친밀하고, 미얀마가 중국과 밀접한 것을 감안할 때, 중국과 일본과의 관계에 역사적으로 친밀함이 적은 베트남에 대해 한국은 동북아시아 패러다임의 연장선상에서 관계를 발전시키고 실천할 필요성이 있다.

3) 민주화운동과 경제 발전, 미얀마

미얀마의 독립운동가 아웅산(1915~1947)

미얀마는 동아시아 민주화의 중요 역할을 한 나라로서 한국과 함께 20세기 후반기 아시아 민주화 운동의 대표 사례로 꼽힌다. 미얀마는 1948년 영국의 식민지로부터 해방되었을 때 사회주의 체제와 연방제 체제를 채택하였다. 1988년 학생, 승려 중심의 민주화운동을 무력으로 탄압한 군부의 쿠데타로 이후 군부독재체제가 지속되었다. 미얀마 군부는 1988년 8월 8일의 민중항쟁, 이른바 '8888 민중항쟁' 시기에 민주화 시위에 참여한 수천 명의 민간인을 학살하였다. 군부의 공포 정치에도 불구하고 아웅산 수치로 대표되는 민주 진영은 1990년 5월 총선에서 압승하였다. 그러나 군부는 민정 이양을 거부하고 같은 해 9월에 아웅산 수치의 가택연금을 풀지 않고 오히려 간첩죄로 전국민주동맹(NLD)National League for Democracy 지도자들을 체포하였다. 이 와중에 군부의 탄압을 피해 수많은 학생들과 국회의원 당선자들이 태국과 인도로 피신하였다. 교수·기자 등 지식인들을 포함하여 1,400여 명의 정치범들이 수감되고, 의사표현·언론·집회의 자유도 완전히 봉쇄되었다. 이외에도 살해·고문·강간·재판 없는 구금·강제이주정책으로 인한 국내 난민 등 세계 최악의 인권 상황이었다.

이에 UN은 미얀마 군사정부에 대해 1990년 총선 결과를 수용할 것, 아웅산 수치의 NLD 및 소수 종족들과 성의 있는 대화에 임할 것, 일체의 인권유린 행위를 즉시 중단할 것 등을 요구해 왔다. 그리고 아웅산 수치의 즉각적인 가택연금 해제와 정치 개혁을 요구하는 성명서를 잇달아 내놓았다. 유럽연합(EU)은 이미 무기거래 금지조치를 취한 데 이어 미얀마 군수뇌들에 대한 비자 발급을 중지시켰다. 미국 역시 1988년부터 무기거래 금지, 구호救護를 제외한 모든 원조 중단 등을 시작했고 미얀마 역내 신규 투자를 금지시켰다.

1991년 노벨 평화상을 수상한 미얀마 민주화운동의 지도자 아웅산 수치

이때 미얀마 군사정부는 한국과의 외교 관계에서 남북한 등거리 노선을 취하다가 1983년 10월 '아웅산 묘소 폭파사건' 이후 한국의 전두환 정부와 보다 긴밀해졌다. 그리고 1988년 민중항쟁 이후 군사정부는 한국과의 경제협력을 보다 적극적으로 도모하였다. 이때 한국의 많은 기업들이 미얀마로 진출하여 교역 규모가 빠르게 신장하기도 하였다. 그러나 이는 국제인권단체에 의해 인권탄압국 미얀마에 진출한 우리나라의 한 대기업이 '수치스러운 기업명단dirty lists of compainies'에 오르는 결과를 낳기도 하였다.

아웅산 수치에 대한 가택연금 조치로 인해, 미얀마 군정에 대한 국제적인 압력과 제재가 강화되는 상황에서 아웅산 수치는 미얀마 민주화운동의 지도자로서 1991년 노벨 평화상을 수상하였다. 아웅산 수치의 가택연금은 2010년에 해제되었다. 2010년 11월 7일 미얀마 군사정권은 총선을 통해 민간에 정권을 이양했는데, 여기에서 군부의 지원을 받는 통합단결발전당(USDP)이 압승을 거두었다. 이를 두고 관제 야당들을 들러리로 내세운 사실상의 관제선거였다는 비판이 제기되기도 하였으나, 미얀마는 다방면에서 새로운 변화를 보이기 시작하였다.

　민간정권이 들어선 이후 미얀마는 정치적 사회적인 민주화와 경제 개발에 박차를 가하고 있다. 미얀마는 50년째 군부가 통치하고 인권 탄압에 대한 국제사회의 비판 속에 미국 등 서방국가들로부터 경제 제재조치를 받아, 수십 년간의 침체와 정책의 실수, 고립으로 고통을 받아왔다. 이제 민주화 이후 서방국가의 경제제재도 풀리고 많은 나라들이 진출하는 국가가 되고 있다. 미얀마는 지난 2011년 신정부 출범 이후 개혁·개방과 함께 미국, 유럽연합(EU) 등의 경제제재 해제로 새로운 수출 시장으로 부상하여, 최근 5% 내외의 경제성장률을 유지하고 있다. 미얀마는 인도차이나 반도 국가 가운데 가장 넓은 영토를 가진 국가로 한반도의 약 3배의 면적을 갖고 있다. 더욱이 풍부한 천연자원과 6,100만 명의 인구와 풍부한 노동력을 가지고 있으며, 국민의 문자 해독률도 높은 편이다. 때 묻지 않은 자연과 국가에서 나무 한 그루까지 관리하는 삼림자원, 석탄·구리 등 전통 소재부터 세계 10위의 천연가스 매장량, 우라늄·텅스텐 등 첨단 소재의 광물자원, 그리고 6천만 인구 대부분이 저렴한 인건비를 유지하는 풍부한 인적자원, 이는 미얀마를 대표하는 3대 자원이다. 주요 도시 양곤, 만달레이에는 새로운 기회를 찾아 나선 사람들로 북적이고, 한국인은 특히 드라마와 K-pop 열풍을 타고 더 뜨거운 환대를 받고 있다.

　미얀마는 자신들의 전통문화를 지키며 살아가기로 유명한 나라이다. '론지'라 불리는 미얀마 전통 치마를 입고 거리를 활보하는 남자들을 쉽게 볼 수 있으며, 누구에게서나 쉽게 불심佛心을 발견할 수 있는 나라이다. 우리나라 남자들에게 병역의 의무가 있는 것처럼 미얀마 남자들은 머리를 깎고, 승려생활을 경험해야만 '성숙한 어른'으로 인정받는다고 한다. 미얀마의 천년고도 바간Bagan은 2,500여 개 탑이 보존돼 있는

데 도시 전체가 세계문화유산으로 지정되어 있다. 캄보디아 앙코르와트, 인도네시아 보로부드르와 함께 세계 3대 불교 유적지로 꼽히는데 과거 6천여 곳이 넘는 사원이 있었다고 한다. 미얀마의 제1도시 양곤Yangon에는 황금빛 탑 '쉐다곤 파고다'가 있다. 이는 86%의 주민이 상좌부불교를 믿는 미얀마 연방Union of Myanmar을 상징하는 건축물로 2,500년이란 오랜 세월 미얀마 사람들의 정신적 안식처가 되어왔다. 이러한 역사와 전통을 존중하고 윤리적 행동을 통해 미얀마에 대한 이해와 교류를 해 나갈 때, 진정한 친구로서 교류가 이루어질 수 있을 것이다.

양곤 쉐다곤 파고다는 높이 98m의 거대한 불탑으로 역대 왕과 불교도들이 기증한 금판으로 외벽을 장식하였다.

| 생각하기 |

1. 인도차이나에서 경제발전과 민주화의 관계에 대하여 생각해 보자.

2. 베트남이나 미얀마의 역동적인 사회변화의 구체적인 모습들은 어떤 것이 있는지 알아 보자.

5. 아시안 하이웨이, 철의 실크로드

한국은 분단국가로서 직접 유라시아 대륙과의 연계를 실감하기 어려운 섬 아닌 섬에 살고 있다. 그러나 동아시아 주변국들은 동아시아에서 유라시아를 연결하는 공간을 잇는 길을 만들고 있다. 아시안 하이웨이와 철의 실크로드가 그것이다. 이 길은 이미 1992년 UN의 아시아태평양 경제사회위원회에서 제시한 길이다. 동양과 서양이라는 이분법적인 구분이 있기 이전, 지구 북반구에 살던 여러 민족들이 문명을 탄생시키고 더 넓은 공간으로 삶의 무대를 넓혀가는 과정에서 열었던 길이 다시 연결되고 있는 것이다. 오래전 유라시아 북반구에 있던 여러 나라들이 영역권을 확보하고 길을 열어가는 권력에 주목하였던 것처럼, 길의 확보는 경제적, 사회적, 정치적 이해관계와 직결되어 있다. 21세기 지역화와 함께 세계화가 일어나면서 과거 동과 서의 문명을 연결하던 길은 이제 새로운 경제권과 생활권의 확대를 예고하고 있다. 동아시아와 유라시아를 연결하는 공간에 대한 인식과 빠르게 변화하는 한반도 주변의 경제권, 문화권의 변화 가능성을 보면서, 미래 세계 우리의 삶의 공간 개척을 구상해 보자.

1) 아시안 하이웨이(AH) Asian Highway

　유라시아를 연결하는 오래된 길 실크로드는 박물관이나 역사책에서만 찾아볼 수 있는 과거의 유물이 아니다. 그것은 현재에도 도로(아시안 하이웨이)와 철도(철의 실크로드)로 대체되며 엄연히 존재하고 있으며, 그 길 주변에서 오늘도 수많은 사람들이 살고 있다.

　고속도로를 달리다보면 AH1, AH6라 쓰고 일본-한국-중국-인도-터키를 잇는 '아시안 하이웨이'의 이정표를 볼 수 있다. 한국, 중국, 일본, 러시아, 인도, 이란 등 아시아 32개국을 연결하는 아시안 하이웨이는 2004년 4월 32개국 대표가 상하이에 모여 87개 노선 14만 1,000km에 이르는 아시안 하이웨이(AH) Asian Highway 마스터플랜에 대한 정부간 협정에 공식 서명하였다. 이 협정은 2005년 7월부터 발효되었는데, 모든 참여국들은 협정 발효 5년 이내에 표지판을 설치하도록 의무화하였다. 이에 따라 아시안 하이웨이 노선 표지판이 등장하기 시작했는데 가장 먼저 노선 표지판을 세운 나라는 미얀마였다. 세계 31개 내륙국가 중 12개 나라가 아시아에 몰려 있고, 고속도로는 그들에게 경제성장의 생명줄과도 같은 것이기에 라오스, 몽골, 부탄, 네팔도 아시안 하이웨이에 적극적으로 참여하고 있다.

　아시안 하이웨이 계획은 아시안 지역에 국제 육상 교통 개발을 촉진하기 위해 1959년 유엔에서 시작하였다. 1960년대에서 1970년대까지는 상당한 진척이 이루어졌으나, 1975년 재정적 지원이 중단됨에 따라 발전이 더뎌졌다. 아시안 하이웨이는 UN의 아시아·태평양경제사회위원회(ESCAP) Economic and Social Commission for Asia and the Pacific에서 추진하고 있다. ESCAP는 1992년 아시안육상교통기반개발계획(ALTID) Asian Land Transport Infrastructure Development의 승인 이후로 여러 개의 계획을 이끌고 있다. 아시

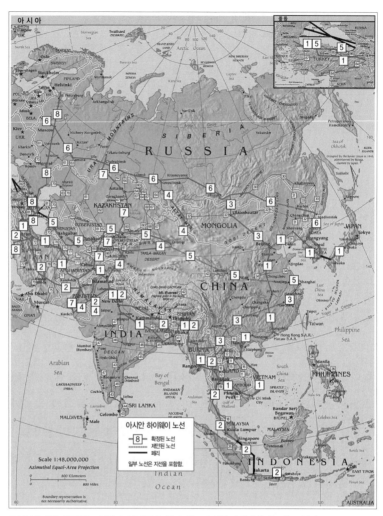

ESCAP에서 추진하는 아시아 32개국을 횡단하는 아시안 하이웨이의 8개 노선망

안 하이웨이는 1992년 ESCAP에서 승인한 ALTID의 세 축 중 하나로, 주로 기존의 도로망을 활용해 현대의 실크로드를 목표로 한 것이었다. 그러나 아시안 하이웨이는 외교 등 여러 문제가 얽혀 있어 실제 연결까지는 적지 않은 시간이 걸릴 것으로 예상된다. 2004년 협정 체결 이래 동 협정에 의거하여 협정의 집행사항을 논의하기 위한 실무그룹이 구성되

어 2005년 12월에 1차 회의, 2007년 11월에 2차 회의, 2009년 9월 등 매 2년마다 실무그룹회의가 개최되고 있다.

아시안 하이웨이의 노선망은 8개의 간선(AH1~AH8)과 그 밖의 지선으로 구성되어 있는데, 모든 노선을 합하면 55개의 노선이 된다. 한국을 지나는 노선은 1번(AH1)과 6번(AH6)이며 1번은 일본 도쿄를 출발하여 나고야와 후쿠오카를 거쳐 페리로 현해탄을 건너 부산을 통해 서울—개성—평양—신의주를 지나 중국과 베트남—인도—터키까지 가는 아시안 하이웨이 중 최장 노선(2만 557km)이다. 6번은 부산에서 동해안을 따라 강릉—원산—청진으로 북상해 블라디보스토크—이르쿠츠크—모스크바로 이어진다. 그러나 '하이웨이'라는 명칭과는 달리 4차로 이상 고속도로는 한국과 일본, 중국 노선뿐이며(전체 노선의 14%), 이 지역의 도로와 철도·항만·공항 등 기초 인프라 구축을 위해서는 매년 대략 2,000억 달러 규모의 투자가 필요하다. 이와 같이 도로 인프라에 대한 천문학적인 투자가 필요한 상황에서, 외교적 문제가 없는 경우에는 이미 구간 별로는 개통된 곳도 많다. 특히 중국은 이 길의 연결에 적극적이다. 현재 중국은 아시안 하이웨이 노선에 따라 티베트에서 우루무치까지 도로를 건설하고 있다.

그러나 '아시안 하이웨이'가 성립되기 위해서는 남북한의 길이 연결되어야 한다. 남북한이 분단된 한반도에서 북한을 직접 가지 못하는 상황에서는 아시안 하이웨이는 이름에 불과할 것이다. 그러나 과거 실크로드와 대륙과 해양을 잇는 도로, 그리고 70여 년전 일제시대 때까지도 대륙으로 가는 길로 사용되었던 것을 떠올리면, 동북아시아 끝에 있는 우리가 남북 분단의 현실 공간을 넘어 아시아와 유럽까지 가는 길은 익숙하고 오래된 길이라는 자각이 필요하다. 21세기 지구촌이 지역화와 더불어 국제화되는 가운데 아시안 하이웨이는 유라시아를 연결하고 남북한을 연결하는 새로운 공간 이동과 삶의 전환을 촉진하는 요소가 되고 있다.

2) 철의 실크로드

탈냉전 이후 아시아와 유럽인들에게 '꿈의 실크로드'로 불리는 '철鐵의 실크로드' 계획이 등장하였다. 철의 실크로드 구상은 UN 아시아·태평양경제사회위원회(ESCAP)가 1992년 48차 회의에서 승인한 '아시아횡단철도 계획'(TAR) Trans-Asian Railway에서 시작되었다. 철의 실크로드는 유라시아대륙을 잇는 철도망으로, 한반도종단철도(TKR)와 시베리아횡단철도(TSR), 중국횡단철도(TCR), 만주횡단철도(TMR) 등을 하나로 묶는 초대형 철도 프로젝트이다. 이 사업은 장기적으로 한반도와 일본까지 해저터널로 연결, 동북아와 유럽연합(EU) 경제권을 통합하는 것을 목표로 하고 있다.

'철의 실크로드'가 완성될 경우 미국, 유럽연합(EU), 동북아 등 세계 3대 경제축 가운데 유럽연합과 동북아라는 2개의 경제축이 직접 연결되는 의미가 있으며 그 경제적 파급효과는 상상을 뛰어넘을 것으로 관측된다. 특히 2008년 글로벌 금융위기 이후 G20이라는 용어가 널리 회자되는 가운데 중국, 인도, 러시아, 중앙아시아 국가 등 전 세계 인구의 40%와 전 세계 국내총생산(GDP) 규모의 25%를 차지하는 유라시아 대륙의 주요국들이 세계의 주목을 받고 있다. 지난 10년간 세계 경제가 연평균 2.3% 성장할 때 이 국가들은 8%에 가까운 성장률을 기록하면서 유라시아 대륙의 중요성을 보여주고 있다.

이미 중국은 자국을 중심으로 아시아는 물론 중동·유럽국가까지

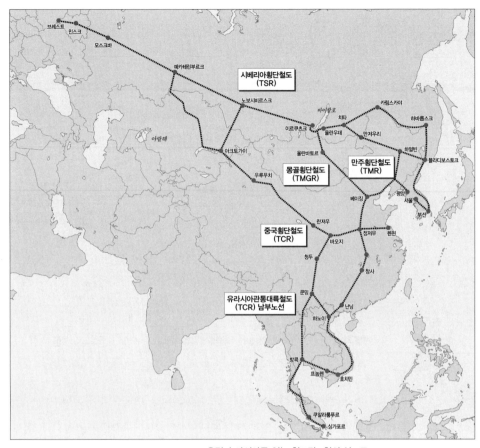

유럽과 아시아를 잇는 철도망, 철의 실크로드

하나의 경제권으로 묶기 위한 '동맥' 연결 작업을 진행하고 있다. 2015년
중국의 '일대일로 프로젝트' 선언은 이에 대한 중국의 본격적인 의도를
표명한 것이었다. 중국은 2013년 7월 중국 허난성 정저우鄭州-신장 위구
르자치구-카자흐스탄-러시아-벨라루스-폴란드-독일의, 중국과
유럽을 잇는 10,214km 구간을 개통하였다.

또한 장쑤성 롄윈강 시에서 중앙아시아 카자흐스탄 알마티까
지 이어지는 '롄신야(롄윈강-신장-중앙아시아)' 정기 화물열차의 노선이

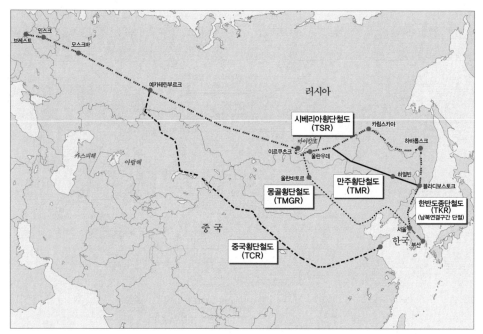

한반도와 중국, 중앙아시아, 러시아, 유럽의 연결을 목표로 추진하는 대륙철도 노선도

2015년 2월 25일 개통되었다. 그리고 2014년 11월부터 저장성 이우시와 스페인 마드리드를 잇는 '이신어우(이우-신장-유럽)' 화물철도 노선도 운행되기 시작했다. 사실 2010년 중국은 위신어우(충칭-신장-유럽)를 개통한 이래 2014년 한신어우(우한-신장-유럽), 쑤멍어우(쑤저우-몽골-유럽) 등 국제 화물열차 노선을 잇달아 개통했다.

육상 실크로드뿐만 아니라 해상 실크로드 건설도 활발하다. 중국이 개발하고 운영권을 확보한 파키스탄 과다르 항구는 2015년 4월 개통하였다. 말레이시아 정부도 믈라카 항구를 국제항구로 조성하여 중국의 일대일로에 참여할 계획이라고 한다.

모스크바~베이징, 모스크바~평양을 잇는 대륙철도

3) 아시안 하이웨이, 철의 실크로드와 한반도

아시안 하이웨이, 철의 실크로드가 실현되기 위해서는 남북한이 길로서 연결되어야 한다. 남북이 분단된 한반도에서 남한에서 북한을 직접 가지 못한다면 아시안 하이웨이나 철의 실크로드는 그림의 떡에 불과하다. 그러나 과거 실크로드와 대륙과 해양을 잇는 도로, 그리고 20세기 전반기까지도 대륙으로 가는 길이 사용되었던 것을 떠올리면, 동북아시아 끝에 있는 우리가 남북 분단의 현실 공간을 넘어 아시아와 유럽까지 가는 길은 익숙한 길, 새롭지만 오래된 길이다. 역사적으로 우리 역시 실크로드를 통해서 중앙아시아와 아랍의 여러 나라들과 무역을 하였다. 중앙아시아 벽화에 묘사된 고구려인, 고선지와 혜초, 당나라 때 신라방, 무역왕 장보고, 그리고 고려시대 개성상인 등 모두가 실크로드를 십분 활용한 선조들이었다. 먼 옛날의 사람들뿐만 아니라 일제 강점기 독립운동과 새로운 터전을 찾아 만주나 시베리아, 중앙아시아로 떠났던 사람들이 갔던 길이다. 21세기 지역화와 더불어 국제화되는 가운데 남북한을 연결하는 유라시아의 길을 적극적으로 활용하여 경제적, 민족적 도약의 기회를 만들 필요가 있다. 중국의 신 실크로드 프로젝트인 '일대일로 프로젝트'에 대하여 중국의 세력 확대를 경계하게 하지만, 역으로 중국경제를 비롯하여 인근 지역의 경제적 부흥과 활성화를 가져올 '일대일로 프로젝트'에 과거 선조들의 지혜와 실용정신을 이어받아 길을 활용하여 부흥의 기회를 모색하여야 할 것이다.

'철의 실크로드' 가운데 남북한을 종단하는 노선은 남북한뿐 아니라 관련국에도 가장 큰 이익을 가져다 줄 수 있는 노선으로 판단되고 있다. 부산에서 출발하므로 한국과 일본의 물동량까지 흡수하기 때문이다. 물동량이 많다는 것은 곧 수송비용을 줄일 수 있다는 것이고, 그만큼 화주貨主도 많아져 철도 통과국의 통과운임 수입도 늘어난다는 것이다. UN 아시아·태평양경제사회위원회(ESCAP)가 1996년 52차 회의에서 아시아 횡단철도 구축을 위해 남북한 연결철도 복원에 최우선적으로 노력한다는 결의안을 채택한 것도 이 때문이다.

과거 남북한을 연결했던 철도는 경의선(서울−신의주), 경원선(서울−원산), 금강산선(철원−기성), 동해북부선(양양−안변) 등 4개 노선이다. 이중 '철의 실크로드'와 관련해 가장 효용성이 높은 노선은 경의선과 경원선 2개로 평가되고 있다. 경의선과 경원선 단절구간이 복원될 경우 한국 화물은 중국을 경유하는 TCR이나 러시아의 TSR을 통해 유럽으로 직송될 수 있기 때문이다. '철의 실크로드'의 실현 가능성은 남북한이 2002년 9월 경의선과 동해선 연결공사에 착수하면서 급부상하였다. 또 2002년 8월 핵심 당사자인 북한 김정일 국방위원장과 블라디미르 푸틴 러시아 대통령이 TKR-TSR 연결을 위한 구체적 방안을 논의함으로써 더욱

2007년 5월 철의 실크로드의 일환으로 시범운행한 남북연결철도와 경의선 도라산역

관심을 끌었다. 그러나 경의선은 지난 2003년 6월 도라산역(남)에서 개성역(북)까지, 동해선은 2005년 12월 제진역(남)에서 금강산역(북)까지 연결을 완료하고, 2007년 5월 시범열차운행을 했으나 그 후 남북관계의 경색 등으로 인해 열차운행은 중지되었다. 남북관계의 해소는 한국의 국제철도협력기구(OSJD) 정회원의 가입에도 중요한 요인이다. OSJD는 러시아, 중국, 북한을 비롯해 동유럽과 중아아시아 국가들의 철도협력기구로, 시베리아횡단철도(TSR)와 중국횡단철도(TCR)를 통한 대륙철도 운행을 위해서는 가입이 필수적이다. 한국은 2001년 경의선 남측구간 건설을 완료하고 2003년 이후 가입을 추진하고 있다. 신입회원으로 가입하려면 정회원국 28개국이 만장일치로 찬성해야 하는데, 정회원국인 북한은 남북관계의 경색 분위기에서 계속 반대표를 행사하고 있다.

　　한반도는 대륙과 해양 세력이 패권을 경쟁하는 각축장이면서도 이들 두 세력을 연결하는 가교로서의 역할을 할 수 있는 지정학적인 장점을 갖고 있다. 한국이 남북한 화해·협력을 통해 해양과 대륙 세력의 문명을 흡수·소통하고, 다가오는 유라시아 시대를 선도적으로 맞이하기 위해서는 대륙으로 열린 '아시안 하이웨이' '철의 실크로드'를 적극적으로 활용하는 국가전략의 수립과 실천이 필요하다. '아시안 하이웨이'와 '철의 실크로드'는 동아시아를 넘어 유라시아 연결망 속에서 남북이 연결된 통일 한반도의 구체적인 일상의 모습이 될 수 있을 것이다.

| 생각하기 |

1. '아시안 하이웨이', '철의 실크로드'는 동아시아 사회에 어떠한 변화를 가져올지 생각해 보자.
2. 한국이 '철의 실크로드'에 참여해야 하는 이유에 대하여 생각해 보자.

6. NGO, 국제개발협력

1990년대 이후 아시아의 초국가적 기업 활동, 정보통신의 발달, 과학기술 혁명, 전 지구적 금융 체제의 형성을 기반으로 하는 세계화가 진전되고 있다. 다른 한편으로는 빈부 격차, 획일적인 소비문화의 범람, 인구 폭발, 환경오염, 자원 고갈, 인종 분규, 외국인 노동자 문제, 초국가적인 마약밀매와 범죄 등 전 지구적 차원에서 해결해야 할 문제들이 아시아에서도 등장하고 있다. 이에 이른바 소프트 이슈라고 불리는 환경, 지역, 인권, 여성 등의 문제를 담당하기 위해 비정부 민간조직(NGO)Nongovernmental Organization의 활동이 커지고 있다. 또한 한국은 OECD 국가의 일원으로 저개발 국가에 대한 지원사업인 공적개발원조(ODA)Official Development Assistance) 사업을 실시하며 한국국제협력단(KOICA)Korea International Cooperation Agency 같은 무상 민간원조 교류사업을 실시하고 있다. 시민사회나 정부차원의 동아시아 교류의 대표적인 사례와 현황을 이해하여 진취적인 동아시아 국제 교류 활동의 가능성을 생각해 보자.

1) 시민사회 교류 활동과 NGO

동아시아 국가들이 지리적으로 가까울 뿐만 아니라 문화적 유사성을 가졌다고 하지만, 19~20세기를 거치면서 이질화 되었고 높은 벽에 가로막혀 있는 것이 사실이다. 그 장벽을 넘어서기 위하여 각 국가 정부차원의 대화와 협력이 이루어지지만 외교적 문제로 복잡하게 얽히면서 대립과 갈등이 반복되고 있다. 심지어 각 국가의 권력은 국가주의 nationalism를 내세우며 그러한 갈등을 정치적으로 이용하거나 자민족중심주의의 국민감정을 부추기는 성향도 있다. 이를 극복하기 위해 국가기구가 아닌 시민사회의 교류와 협력을 통해 벽을 허물고 동아시아 공동의 가치—평화, 환경, 상생 등—를 구현하는 시민활동의 필요성이 커지고 있다.

시민운동은 넓은 의미에서 시민의 능동적인 참여로 이루어지는 사회운동을 지칭하며 좁은 의미에서는 서구의 '신사회운동'에 비견할 수 있다. 신사회운동이란 1970~80년대에 서유럽과 북아메리카에서 새롭게 등장한 환경·평화·여성·연대·반문화·동성애·반핵·녹색당 운동 등 기존의 사회운동에서 볼 수 없었던 새로운 사회운동을 지칭한다. 이러한 시민사회활동을 하는 단체를 'NGO nongovernmental organization'라고 한다. 일반적으로 NGO는 비정부 또는 비국가조직체로서 자발성을 바탕으로 하는 비영리집단, 기구나 단체 등을 말한다.

이들 NGO가 기대 받는 이유는 기본적으로 국가나 민족, 지역의 경계를 뛰어넘어, 자발성을 바탕으로 개인의 자격으로 국제사회의 활동에 참여하기 때문이다. NGO는 보통 다음 네 가지 요건을 만족시키는 자발적 결사체를 의미한다. 첫째, 시민이 자발적으로 만든 단체여야 한다. 둘째, 회원 가입의 배타성이 없어야 한다. 셋째, 주로 자원봉사활동에 의해서 사업을 수행해야 한다. 넷째, 공익을 추구하는 단체이다.

이 NGO는 크게 세 가지 역할이 강조된다. 첫째는 정부와 협력해 복지 서비스 제공을 확대하는 역할, 둘째, 국가권력과 경제권력을 견제하고 시민의 일상권리를 보호하는 역할, 셋째, 국제정치에서 국가의 역할을 보완하거나 국가이기주의를 견제해 국제사회의 공동문제를 해결하는 역할이다. NGO들은 일반적으로 일국 내에서 활동을 하지만 국경을 넘어 다른 국가에서 활동을 전개하는 NGO들의 수도 점차 늘어나고 있다. 이러한 NGO들을 국제 NGO라고 부르는데, 이들은 아시아를 무대로, 더 나아가 전 세계를 무대로 활동하고 있다.

국제사회에서 활발하게 활동하는 NGO들의 수가 늘어나고 있는 것은 여러 가지 이유에 기인하나, 가장 근본적인 이유는 세계화가 될수록 1국가의 문제는 1국가만이 해결할 수 없는 국가 간의 상호의존이 높아지기 때문이다. 예컨대, 환경이나 군비문제는 국경을 넘어 지역권, 아니 전 지구적 차원에 영향을 미치기 때문에 이에 대한 해결은 국가를 넘어서는 인류 공통의 문제이다. 또한 교통의 발달로 인해 한 나라의 전염병은 그 나라에 국한되지 않고 쉽게 다른 나라의 방역 문제로 전이된다. 대표적인 NGO로는 환경 분야의 그린피스 Greenpeace, 세계자연보호기금 World wide Fund for Nature, 지구의 벗 Friends of the Earth 등이 있다. 인권 분야에는 국제사면위원회 Amnesty International, 휴먼라이트워치 Human Right Watch 등이, 개발과 긴급구호 분야에는 영국의 구호NGO인 옥스팜 Oxfam, 미국의 식량구호단체 케어(CARE) Cooperative American Relief Everywhere, 국경없는 의사회(MSF), 언론분야의 국경없는 기자회(RSF) 등이 있다. 또한 아동분야의 어린이구호회 Save the Chileren, 부패감시의 국제투명성기구 Transparency International, 군축을 위한 국제지뢰금지운동 International Campaign to Ban Landmines 등, 시민사회활동의 영역은 계속 증가하고 있다. 한국사회에서 NGO는 1970~80년대 민주화운동 과정에서 잉태됐던 시민사회운동이 1980년대 말 경제정의실천연합·참여연대·환경운동연합 등 다양한 NGO의 탄생으로 꽃을 피웠다. 정치적 사안뿐만 아니라 사회 각 분야에서 시민의 권리를 증진시키는 방향으로 발전하였다.

UN에는 전 세계 700여 NGO단체가 등록돼 있고 이와 별도로 유엔 홍보국이 인정한 NGO가 200여 단체나 있다. 20세기 UN의 활동이 분쟁으로부터 평화를 회복하고 평화를 유지하는 소극적 평화활동에 치중했다면, 이제는 평화를 만들고 평화적 여건을 조성하는 적극적 평화활동에 중점을 두고 있다. 병력, 무기 등 군사력의 구조적 조정과 관련된 군비감축 arms reduction과 군사적 긴장완화, 신뢰구축까지 포함된 활동을 하고 있다. 심화된 상호의존의 상황에서 국경을 넘어 발생하는 문제 해결이 국제사회 전체의 평화와 안전에 중요한 방편이 되기 때문에 NGO들은 지구촌 구석구석에서 일어나고 있는 문제들에 관심을 가지고 국경을 넘어 노력하고 있다.

2) 동아시아 공동체를 향한 시민 활동

20세기 후반부터 동아시아 각국 시민들은 유럽의 공동체 구축 동향, 특히 유럽연합(EU)의 설립 과정을 지켜보면서 유럽 모델을 아시아에서도 적용할 수 있을지, 아시아에 유럽과 같은 공동체의 정체성이 존재하는지에 대해 고민하였다. 지역화라는 세계적인 추세 속에서 동아시아의 공동체에 대한 논의는 많았는데, 1990년대 이후 국가간의 갈등을 넘어서기 위한 시민사회의 활동이 다양하게 나타나기 시작하였다. 그 첫 번째 실천은 동아시아 공동체를 만들기 위한 '역사적 장애물'을 극복하는 활동이었다.

동아시아 공동체를 희망하지만, 화해와 진실의 공동체를 만들기 어렵게 하는 20세기의 '역사적 장애물'이 있다. 동아시아에 '역사적 장애물'이 생기게 된 주요 원인은 20세기 일본이 일으킨 침략전쟁과 식민지 통치이다. 물론 전후 일본이 한국, 중국과 차례로 국교를 정상화하고 평화우호조약을 체결하여 법률 차원에서는 전쟁 상태가 종결되었다. 그러나 피해자 당사자에 대한 사죄와 반성, 역사 기록과 역사 인식 차원에서는 아직 화해에 이르지 못하고 있다. 이에 일본 정부의 과거 동아시아에 대한 침략과 그에 따른 강제동원의 인권 유린에 대한 동아시아 시민들의 연대활동이 시작되었다.

일본군 '위안부' 강제동원 문제를 둘러싼 소송 과정에서 보여준 중국과 한국, 일본 시민의 공동 노력은 역사문제라는 장애물을 걸어내고 미래로 나아가는 동아시아 시민 활동의 실천 모델이었다. 1991년 한국의 김학순은 사실을 은폐하는 일본 정부를 향해 고통에 찬 50년 가까운 침묵을 깨고 용감하게 나서서 자신의 피해를 이야기하였다. 그의 증언이 나오자 다른 피해 여성들도 일본 군대의 만행에 대한 소송을 제기했다. 이후 일본군 '위안부' 문제 소송은 한국·중국·타이완·필리핀·네덜란드의 피해 여성 93명에 의해 10건이 제기되었다. 여기에 피해국 시민뿐만 아니라 가해국 일본의 시민이 함께 나섰다. 또한 일본에 생존하는 송신도 할머니의 일본군 '위안부' 강제동원에 대한 소송을 제기한 것도 일본의 시민 여성이었다. 강제징용이나 야스쿠니 신사 합사 취소 소송에도 국경을 넘어 함께 공동행동을 하고 있다.

일본군과 관련한 과거 아시아 인권 문제 해결을 위한 NGO의 주요 국제회의로는 아시아·태평양 지역의 전쟁 희생자를 마음에 새기는 집회 (참가국: 한국, 중국, 일본, 홍콩, 타이완, 말레이시아, 인도네시아, 필리핀, 싱가포

동아시아 평화포럼 주최 한·중·일 청소년 캠프

르, 팔라우), 일본군 '위안부'문제 아시아 연대회의Asian Solidarity Conference for
Military Sexual Slavery by Japan(참가국 : 한국, 북한, 중국, 일본, 타이완, 필리핀, 태국,
홍콩, 인도네시아, 말레이시아, 네덜란드) 등이 있었다.

　한·중·일이 연합하여 동아시아 미래 세대에게 평화와 공존의 역사
인식을 갖게 하는 것을 목적으로 하는 NGO활동도 있다. 2002년부터 일
본의 역사왜곡에 대응하여 한·중·일 3국의 NGO는 매년 〈역사인식과
동아시아 평화포럼〉을 개최하여 지속적인 연대 활동을 하고 있다. 매년
한·중·일 각국이 돌아가면서 개최하는 〈역사인식과 동아시아 평화포
럼〉은 일본의 왜곡된 역사 교과서를 분석·비판하고 수정을 요구하는

NGO단체들의 로고

운동, 한·중·일의 공통역사교재 편찬, 각국의 역사교육 현황에 대한 보고, 한·중·일 청소년 역사 체험 캠프를 실시하고 있다. 청소년 캠프에서는 한·중·일의 청소년이 함께 생활하고 역사를 배우면서, 서로에 대한 이해를 깊게 하고 진정한 친구로서의 소통을 체험하게 된다.

2000년대 이후 한국에는 인권과 평화, 인간과 자연에 대한 깊은 애정을 갖고 실천하는 활동들이 많아졌다. 이주노동자의 인권보호, 아시아 난민촌의 어린이 지원 사업, 군비축소 등을 위해 활동하는 단체들이 많이 증가하였다. 비교적 이른 시기에 동아시아 평화운동을 시작한 단체로는 1982년 일본에서 만들어진 '피스보트 Peace Boat'가 있다. 피스보트는 평화 증진, 인권, 평등, 지속 가능한 발전, 환경보호를 위해 글로벌 교육 프로그램, 공정 무역, 협력 프로젝트, 변호 활동 등을 한다. 그들의 주된 활동은 평화를 위해 세계를 여행하는 배 위에서 한다. 3개의 세계 여행과 1개의 단기 아시아 지역 여행 프로그램을 통해 지역 현실을 이해하기 위한 교육 프로그램을 실시하고, 컴퓨터나 학교 물품, 자전거 등을 공급한다. 또한 지역 캠페인을 도우며, 사회적으로나 환경적으로 공정한 여행 환경을 조성한다.

국가기구가 아닌 시민 사회의 교류와 협력을 통해 벽을 허물고 동아시아 공동의 가치—평화, 환경, 상생 등—를 구현하기 위한 시민들의 활동은 점차 증가할 것이다. 그러나 동아시아 각국의 NGO는 각각의 차이가 있다. 한국, 일본, 타이완의 NGO는 자본주의와 민주주의 체제를 바탕으로 자율적이고 개혁적인 성격이 강한 반면 중국이나 몽골, 북한 등은 사회주의 체제 하에서 관변단체 성격이 많다. 그러나 국경을 넘어서는 공통의 문제를 해결하기 위한 논의의 필요성이 점차 고조되고 있고, 환경, 생활협동조합, 교육, 인권, 평화 등 사안 별 각 영역에 따라 연대활동이 점차 확산되고 있다.

3) 국제개발협력과 동아시아

국제개발협력이란 선진국-개발도상국 간, 개발도상국-개발도상국 간, 또는 개발도상국 내에 존재하는 개발 및 빈부의 격차를 줄이고, 개발도상국의 빈곤문제 해결을 통해 인간의 기본권을 지키려는 국제사회의 노력과 행동을 의미한다. 이전에는 개발원조Development Assistance, 국제원조Foreign Aid, 해외원조Overseas Aid 등의 용어가 유사한 의미로 사용되어 왔으나, 최근에는 개발도상국과의 포괄적 파트너십을 통한 '협력'이 강조되면서 국제개발협력이라는 용어가 주로 사용되고 있다. 국제개발협력에 사용되는 개발재원은 ODA, 기타공적자금, 민간자금, 민간증여로 구분할 수 있다. 그 중에서 개발도상국의 개발을 주목적으로 하는 재원을 공적개발원조(ODA)Official Development Assistance라고 한다. 공적개발원조(ODA)란 정부를 비롯한 공공기관이 개발도상국의 경제발전과 사회복지 증진을 목표로 제공하는 원조를 의미하며, 개발도상국 정부 및 지역, 또는 국제기구에 제공되는 자금이나 기술협력을 포함하는 개념이다. 이러한 ODA의 정의는 경제협력개발기구(OECD)Organization for Economic Cooperation and Development의 개발원조위원회(DAC)Development Assistance Committee가 1961년 출범한 이후 통일되어 사용되고 있다. OECD의 개발원조위원회(DAC)는 공적개발원조 공여국들의 대표적인 협의체로서 29개 회원국으로 구성되어있다.

국제개발협력의 주체는 공여국 정부, 국제기구, 민간분야로 구성되어 있다. 국제기구로는 UN과 산하 전문기관, 국제통화기금(IMF), 세계은행World Bank, 유럽부흥은행(EBRD), 아시아개발은행(ADB), 아프리카개발은행(AfDB), 미주개발은행(IDB) 등의 국제개발금융기관, 동남아시아국가연합(ASEAN), 아프리카연합(AU) 등과 같이 지역협력을 위해 설립된 기구와 지구환경기금(GEF), 세계백신면역연합(GAVI Aliance)처럼 환경이나 보건 분야에 대한 개발 문제를 다루기 위한 기구 등이 있다. 민간 분야로는 최근 국제개발협력의 주요 주체로 부상하고 있는 개발 NGO, 시민사회, 민간기업, 국제민간재단 등이 있다. 대표적인 개발 NGO로는 옥스팜Oxfam, 케어CARE, 월드비전World vision처럼 세계적인 조직망을 갖추고 국제개발 이슈와 정책에 큰 영향력을 미치는 대규모 NGO부터 규모가 영세한 NGO에 이르기까지 매우 다양하다. 최근에는 기업의 경영활동이 국제화되면서 사회성, 공공성, 공익성 등에 대한 사회적 책임(CSR)이 강조되고 있다. 이에 민간기업이 진출하는 개발도상국의 교육, 빈곤, 보건, 환경에 대한 기여활동이 증가하고 있는 추세이다.

한국은 2차 세계대전 후 UN과 선진국들로부터 경제원조를 받기 시작한 이래 1970년대 중반까지 주로 '받는 협력'에 의존해 왔다. 그러나 그 뒤 지속적인 경제성장에 힘입어 다른 개발도상국들과 경제협력을 할 수 있는 역량을 축적하기에 이르렀으며, OECD내 개발원조위원회 (DAC) 회원국으로 가입한 만큼, 그동안 받아왔던 국제사회의 기여에 적절히 보답하여야 한다는 책임과 의무를 가지고 있다. 한국국제협력단 (KOICA)Korea International Cooperation Agency은 우리나라와 개발도상국가와의 우호협력관계 및 상호교류를 증진하고 이들 국가들의 경제사회발전 지원을 통해 국제협력의 증진에 기여하기 위한 목적으로 1991년 4월 1일 설립되었다. 2015년 2월 현재 해외 28개국에 30개 사무소(주재원 18개소)를 설치하고 있다. 아시아에는 네팔, 라오스, 몽골, 방글라데시, 베트남, 스리랑카, 아프가니스탄, 인도네시아, 동티모르, 캄보디아, 파키스탄, 필리핀, 솔로몬군도 등 13개, 아프리카는 나이지리아, 에티오피아, DR콩고, 가나, 르완다, 카메룬, 우간다, 모잠비크 등 8개, 중남미는 콜롬비아, 파라과이, 페루, 볼리비아 등 4개, 동구·CIS는 우즈베키스탄, 아제르바이잔, 중동에는 이라크에 사무소가 설치되어 있다. 주재원은 탄자니아, 에콰도르, 세네갈, 모로코, 코트디부아르, 팔레스타인, 이집트, 튀니지, 과테말라, 엘살바도르, 요르단, 미얀마, 케냐, 알제리, 아이티, OECD대표부, UN대표부(USAID) 등 18곳에 설치되어 있다. 지난 10년간 한국이 지원한 지역별 평균 ODA를 살펴보면, 아시아가 평균 65.5%의 지원을 받아 가장 주요한 지원 대상 지역이라 할 수 있다.

KOICA의 주요 사업으로는 국내초청연수, 해외봉사단 'World Friends Korea' 파견, 해외재난긴급구호, 교육 및 의료 시설 지원, 민간단체 지원 사업, 전문 인력 파견 등이 있다. 이러한 활동은 개발도상국에 직업훈련원, 병원, 학교 등을 지어주어 주민들의 복지 향상에 힘쓰고, 개발도상국에서 활동 중인 우리나라의 민간단체를 통하여 개발도상국을 도와주는 것이 핵심이다. 또한 해외봉사단 'World Friends Korea' 파견은 해외 오지에서 봉사 활동을 하며 개발도상국의 미래에 대한 희망을 함

01 드림봉사단

드림봉사단은 전문 기술을 갖춘 고등 청년이 졸업을 앞두고 해외봉사를 경험하고 이를 통해 창업, 취업 및 진학 등 다양한 미래의 꿈을 이룰 수 있는 기회를 제공하고 있습니다. 2014년 2월 처음 파견되어 베트남, 미얀마, 캄보디아, 스리랑카에 있는 직업훈련원 또는 기술학교에 파견되어 현지인들에게 제과제빵, 컴퓨터 등 전문 기술을 전수하고 있습니다.

02 일반봉사단

대한민국 국민이라면 누구나 참여할 수 있는 2년의 장기 해외봉사 프로그램입니다. 1991년 한국 정부 최초로 파견된 이래 오늘까지 오랜 기간의 한국 해외봉사단의 확산 경험을 바탕으로 모집 및 선발, 단원 교육, 활동 지원, 귀국 후 관리 등 단계별로 체계화된 프로그램을 운영하고 있습니다.

03 중장기자문단

저·중소득 개도국을 대상으로 IT, 교육, 의료, 농업 등의 분야에 대한 정책지원과 지식 전수를 통해 개도국의 빈곤 감소 및 자립 가능한 경제사회 발전지원을 목적으로 하고 있습니다. 2010년 상반기에 첫 파견을 시작으로 연평균 50명 정도의 인력이 활동하고 있습니다.

해외봉사단 'World Friends Korea'의 활동과 한국국제협력단 KOICA의 주요 사업(사진: 한국국제협력단 브로셔)

께하며, 귀국한 해외봉사단원들은 한국해외봉사단원연합회(KOVA) ᴷᴼⱽ Association를 조직하여 각종 국제협력사업과 공익사업을 진행하고 있다. 해외봉사단은 젊은 시절 국제사회의 일원으로서 미래를 꿈꾸는 데 중요한 기회를 제공한다.

요즘 젊은 층은 해외봉사에 대한 관심이 높은데, KOICA 해외봉사 요원은 가장 주목받는 곳 가운데 하나이다. 더욱이 해외봉사요원은 군 복무를 대체하고, 취업 인정 등의 혜택 때문에 대학 재학생이나 졸업생 등 많은 젊은이들이 지원하고 있다. 자신이 진출 분야에 관련되는 학과 이거나 관련 자격증을 가지고 있으면 KOICA 해외봉사단에 선발될 수 있는 가능성이 높다. 학과와 자격증이 모두 서류 전형 가산점에 들어가기 때문이다. 꼭 관련 학과가 아니더라도 KOICA에서 인정하는 유사 학과일 경우 지원 시 일정 부분 가산점을 받을 수 있다. '도전'과 '희생'의 KOICA 해외봉사는 보다 넓은 세계에 대한 동경과 사람의 가치를 존중하는 세상, 사람에게 좀 더 따뜻한 내일의 한국을 꿈꾸는 젊은이들이 한 번 도전해 볼 만한 일이라고 할 수 있다.

1. 1990년대 이후 한·일 간에 화해 협력을 위한 시민사회운동의 활동과 그 성
   과는 어떠한 것이 있는지 알아 보자.

2. 본인이 만약 해외봉사단원이 된다면 어디로, 어떤 분야로 가겠는지 이야기
   해 보자.

7. 국민감정과 역사인식

21세기는 세계화·지역화 시대에 화해 협력을 통한 공존과 상생이 추구되어야 한다는 것에 이의를 제기하는 사람은 없다. 세계 속에서 동아시아의 역할과 위상이 점차 커지고, 상호 교류와 의존도도 높아가는 가운데 동아시아공동체에 대한 목소리도 점차 커져왔다. 그러나 동북아시아의 한·중·일 간 국민감정은 더욱 나빠지고 있는 것이 현실이다. 한·중·일 삼국의 긴밀한 관계 속에서도 점점 악화되고 있는 국민감정의 주요 원인은 과거 한·중·일의 역사와 관련이 있다. 역사교과서 왜곡이나 일본의 우경화, 일본군 '위안부' 배상문제, 영토갈등 등은 예전보다 더욱 심각한 갈등 요인이 되었고, 이에 한·중·일 시민들의 상호 감정도 점점 나빠지고 있다. 이는 국민감정 또는 민족주의(국가주의)의 고양으로 표출되고 있다. 동아시아 상생의 미래를 만들어 가는 데 장애물이 되는 각 국가의 국민감정의 악화를 극복하기 위한 노력이 필요하다. 국민감정의 악화가 국가 간 군사충돌이나 군비 경쟁으로 연결된다면, 동아시아의 상생은 멀어질 것이다. 일방적인 국가주의를 넘어서는 상생과 공존의 관점에서 역사인식을 높이고 국민감정의 악화를 막아야 할 것이다. 동아시아 시민으로서의 공유되는 정서와 역사인식을 만들어가는 것에 대하여 생각해 보자.

1) 동아시아 교류와 반일감정

　　외형적으로 한일 관계는 매우 긴밀하다. 1965년 12월 18일에 대한민국과 일본 간의 정식 외교 관계가 수립된 이래, 도쿄에 대한민국 대사관이, 고베, 나고야, 니가타, 삿포로, 센다이, 오사카, 요코하마, 후쿠오카, 히로시마에 각 총영사관이 개설되고, 재일동포 904,806명이 거주하고 있다. 김대중 정부 때 일본의 대중문화수입이 자유화되어 일본에 친근감을 가진 사람들이 증가하고 2002년에는 양국이 공동주관하여 2002 한일 월드컵을 개최하기도 하였다. 일본도 2002 월드컵 공동 개최, 한류의 영향 등으로 인해 한국에 대한 관심이 많이 늘었고 일본인들도 한국에 대한 기본적인 지식 정도는 갖게 되었다고 말한다. 교류와 관계가 빈번해지면서 한일 국민간의 접촉은 늘었지만, 국민감정은 이중적으로 작동하고 있다. 한국인은 일본산 브랜드나 상품, 애니메이션 등에 대해서는 대부분 선호하는 성향이 있으나, 일본이 과거 침략의 역사에 대한 반성이 없고 역사왜곡이나 독도문제 등을 야기하면서 가장 싫어하는 나라가 되고 있다. 일본 또한 한류의 영향으로 한국을 좋아하는 사람도 있으나, 이명박 대통령이 2012년 8월에 대한민국 대통령 최초로 독도를 방문하고 일본 '천황'에 대해 과거 일제강점기 시대의 잘못을 사죄하라는 발언을 하여 한일 관계가 급속도로 냉각되기도 하였다. 독도 분쟁이 심화되고 일본에서 극우 세력이 커지면서 한

1998년 일본대중문화개방 방침이 발표되어 1단계로 한·일 공동제작 영화와 한국영화에 일본배우 출연, 4대 국제영화제 수상작, 일본어판 만화와 만화 잡지의 즉시 개방이 이루어졌다.

국에 대한 긍정 여론도 점차 낮아지고 있다.

최근 중국이 G2로 부상함과 더불어 한국과 중국, 일본의 교류가 증가하고 있으나, 국민감정은 점차 더 나빠지는 것으로 여론조사에서 보고되고 있다. 2014년 봄, 일본 아사히 신문의 여론조사에 따르면 한국인과 일본인, 중국인과 일본인 사이에 서로에 대해 느끼는 혐오감이 호감보다 압도적으로 높은 것으로 나타났다. 일본에 대한 중국인의 호감은 4%인 데 반하여 혐오감은 51%, 한국인의 일본에 대한 호감은 8%인데 혐오감은 34%였다. 또한 매년 한국의 동아시아연구원과 일본의 언론 NPO의 여론조사에 따르면 한일 간의 민족감정은 점점 더 나빠지고 있다. '현재 한일 관계가 나쁘다고 생각하는가'라는 질문에 대해 한국인의 답변은 2013년에는 67.4%가 그렇다고 대답했지만, 2014년에는 전년보다 10.4% 증가한 77.8%로 늘어났다. 일본인의 답변은 2013년 53.9%였으나 2014년에는 18.7%가 증가한 73.8%였다.

① 중일전쟁, 식민지 지배 처리는 아직 끝난 일이 아니다

한국	97%
중국	88%
일본	48%

② 일본군 '위안부'에 대한 생각

한국	일본 정부의 공식 보상 필요	95%
일본	일본 정부가 피해자에 정식으로 보상하지 않아도 된다	63%

③ 야스쿠니 신사靖國神社에 대한 평가

한국	군군주의 상징	73%
중국	군국주의 상징	67%
일본	전사자 추도	63%

(2014. 4. 일본 아사히 신문 여론조사, 《헤럴드경제》 2014. 4. 7. 보도)

한·중·일 간의 국민감정의 악화에는 역사적 장애물이 크게 영향을 미치고 있다. 역사적인 경험에서 비롯된 적대감정은 정치적 요인에 의해 더욱 악화되는 것이 일반적이다. 국제정치학 연구들에 의하면 가해국에서는 과거에 대한 사과를 거부하는 보수주의자들에 의한 정치적 동원 때문에 피해국에 대한 반감이 높아지고, 이에 따라 피해국 역시 가해국에 대한 반감이 높아진다. 따라서 화해는 더욱 불가능하게 되고 양국 간 반감은 더욱 증폭되는 것이다. 한·중·일의 경우도 마찬가지이다. 전후 일본은 한국, 중국과 차례로 국교를 정상화하고 평화우호조약을 체결하여 전쟁과 식민통치는 끝났으나, 역사인식에 있어서는 아직 화해에 이르지 못하고 있다.

2) 일본의 역사왜곡

　　일본의 침략전쟁과 식민지 통치에 대한 역사인식 때문에 한·중·일의 관계가 어그러지기 시작한 것은 1982년부터이다. 1982년 일본 정부는 '침략'을 '진출'로 표시하거나 과거 침략과 식민지 지배에 관한 일본의 책임을 애매하게 서술한 고등학교 역사교과서의 검정을 통과시켰다. 이에 한국과 중국을 비롯한 여러 국가들이 크게 반발하였다. 역사인식·역사서술과 관련하여 주변국과의 국제문제가 된 이 사건은 일본 정부가 '근린제국諸國조항'을 새로운 교과서 검정기준으로 제시하고 국제사회에 약속하면서 일단락되었다(일명 무라야마 담화). '근린제국조항'은 인근 아시아 제국과의 관계에 관한 근현대의 역사적 사실에는 국제이해와 국제협조의 견지에서 필요한 배려를 한다는 것을 내용으로 하는 것이다. 이러한 교과서 파동 이후 일본에서는 새로 정해진 검정 기준에 의해 과거의 침략과 식민지 지배에 대한 반성적인 노력이 나타나고 '침략'이라는 단어를 사용하였다. 그리고 1990년대에는 교과서에 일본군 '위안부'에 대한 내용이 서술되었다. 그러나 이러한 역사서술은 일본국민의 감정을 흔들어 침략과 전쟁에 대한 가해 의식이 없는 일본국민들에게 역사인식의 갈등을 낳았다.

이러한 갈등은 1990년대 중반부터 우익과 일부 보수세력의 지원 하에 역사수정주의를 내세우며 일본의

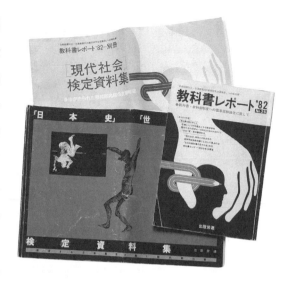

일본의 역사교과서 검정 내용을 조사한 자료집들

역사교과서가 '자학적'이라고 비판하는 세력들의 등장으로 표출되었다. 역사수정주의를 내세운 이들은 근린제국조항이 한국과 중국의 압력과 내정간섭으로 제정되었다고 하며 이 조항의 폐지를 요구하였다. 또한 2001년 4월, 역사수정주의의 입장에 있는 '새로운 역사 교과서를 만드는 모임'의 주도로 일본 후소샤扶桑社의 중학교 역사교과서《새로운 역사교과서》가 일본 문부성의 검정을 통과하였다. 2001년은 고이즈미 준이치로가 일본 수상이 된 해로서, 이후 일본은 강경한 외교정책과 정치적 우익의 행보를 취하였다. 우선 일본 자위대를 이라크에 보내고, A급 전범을 합사한 야스쿠니 신사에 가서 참배를 하여 한국과 중국 국민들의 강력한 불만을 일으켰다. 그리고 과거 일본의 식민지배와 한국과 중국 등을 침략하였던 시기의 역사를 왜곡하고, 편협한 우익의 '애국주의'에 사로잡혀 황국사관을 고취하는 역사교과서의 편찬을 허락하였다. 한국과 중국 정부는 이러한 역사왜곡을 비판하였으나, 일본 정부는 기술

이쿠호샤가 2016년판으로 내놓은 개정판 일본사와 공민 교과서. 이쿠호샤는 후소샤의 자회사이다.

에 명백한 오류가 있다고 할 수 없어, 제도상 정정할 수 없다고 하였다. 이에 한·중·일 세 나라 지식인들은 일본 우익과 보수세력의 역사왜곡 행위를 비판하면서 적극적인 활동을 전개하였고 역사학자, 교사, 시민단체 관계자들은 일본 후소샤의 《새로운 역사교과서》를 함께 비판하는 과정에서 2002년 3월 난징에서 〈역사인식과 동아시아 평화포럼〉을 개최했다.

그러나 일본 정부의 교과서 개악은 2005년 4월의 역사왜곡 교과서의 검정 통과 이후 2006년 더욱 본격화하였다. 2006년 교육기본법 개악, 2008년 학습지도요령과 학습지도요령 해설서 개악, 2009년 교육기본법과 신학습지도요령(해설서)을 충실히 따르는 개악 교과서의 검정 신청으로 이어졌다. 2011년 3월에는 2006년 '교육기본법'과 '신학습지도요령'을 잘 반영한 도쿄서적, 교육출판, 제국서원, 청수서원, 일본문교출판이 검정을 통과했다. 채택률 최하위를 기록하고 있는 지유샤自由社와 이쿠호샤育鵬社도 검정을 통과했다. 전쟁과 식민지배를 미화하고 영토문제를 매개로 한 우익의 '애국주의'는 주변국과의 갈등을 고조시켰다.

아베 신조 내각은 '교육개혁'이라는 이름 하에 '강한 일본의 애국심'을 내세우며 역사의 왜곡을 심화시키고 있다. 아베 정부는 1951년 샌프란시스코 조약 이후 성립된 평화헌법에 의한 '전후체제'를 포기할 것을 추진하였다. 그리고 다국적 기업의 편리함을 조성하고 전쟁 수행이 가능한 '강한 일본'을 만들고자 하였다. 이를 실현하기 위해 학생들의 '애국심'을 배양하고 국가의 관리 감독 하에 엘리트 교육을 실시하는 것을 추진하였다. 교과서의 내용과 관련하여서는 2014년 1월 소학교와 중학교의 사회, 지리, 역사, 공민과목에 대한 심사기준을 개정하고 추가하였다. 이에 따르면 ① 미확정의 시사에 대해 특정한 강조를 하지 않는다. ② 근현대사의 역사사실에서 통용되지 않는 사항에 대해 학생들로 하여금 오해하지 않도록 한다. 미확정의 시사와 통용되지 않는 해석의 자료는 강조하지 않거나 기재하지 않는다는 것은 교과서에 일본의 국가사상을 주입하는 것을 의도한 것이다. 이에 따라 2015년 일본문부성은 4월 6일, 중학교 교과서에서 역사왜곡의 검정 결과를 발표했다. 임나일본부설, 전쟁미화, 식민지 지배의 정당성을 기술하는 등 역사왜곡을한 이쿠호샤와 지유샤의 교과서도 검정을 통과하였다. 이 교과서들은 2016년부터 학교에서 사용될 예정이다.

3) 중국의 반일 감정과 애국주의

2001년 일본 정부가 과거 중국에 대한 난징대학살을 부정하는 역사교과서의 검정을 통과시키고 2005년 4월 중국을 침략한 역사를 왜곡하는 후소샤판《새로운 역사교과서》를 검정 통과시킨 이후 중국인들의 반일 감정은 격화되었다. 중국인들은 일본이 대외 침략 역사를 부인하는 기초 위에서 '유엔안보이사회 상임이사국'이 되려고 하는 것을 반대하는 서명활동을 하는 한편 일본 정부가 우익 교과서를 허용한 것에 불만을 터뜨렸다. 4월 10일 하루 만에 광저우, 선전, 창사, 우한, 청두, 상하이, 베이징, 난징, 선양 등에서 반일 시위가 있었다. 이러한 역사왜곡이 영토 분쟁과 결합하면서 중국인들의 반일 감정은 악화하였다. 2012년 4월도쿄도지사 이시하라 신타로가 댜오위다오釣魚島(일본명 센카쿠열도)를

중국의 일본침략 증거 전시를 홍보하는 간판

구매하여 일본의 '국유화'를 하겠다는 발언이 나온 이후였다. 중국의 거센 항의에도 불구하고 9월 10일 일본 정부는 댜오위다오와 부속섬의 일본 '국유화'를 실시하였다. 이 사건은 중국내의 대대적인 반일 시위를 촉발하여 적어도 중국내 52개 도시에서 반일 시위가 일어났으며, 일본상품 불매는 물론 일본 회사나 상점들을 부수는 사태가 벌어졌다.

중국 민간인들의 반일 감정 악화는 중국의 '애국주의' 역사교육의 강화와 맞물려 전개되었다. 모든 국민국가 차원의 역사교육이 그러하듯이 중국도 1950년대부터 중화인민공화국 수립 이후 역사교육은 '학생들의 애국주의 사상을 키우는 것'을 목적으로 하였다. 그러나 개혁개방의 성공과 중국이 G2로 부상하는 시점에서 중국의 시진핑 국가주석은 '위대한 중화 민족의 부흥'을 주창하며 아시아의 중심이었던 중화의 부흥을 강조하였다. 이러한 가운데 교육과 사회적 가치로서 '애국주의'가 정책의 기본 원칙으로 실시되고 있다. 그리하여 2014년 〈역사 과정 표

중국 베이징 항일인민전쟁기념관에 전시되어 있는 〈항일 소영웅〉

준〉에서도 '애국주의 감정을 키우는 것'을 역사교육의 한 목표로 분명하게 규정하였다. 개혁개방과 함께 퇴조하기 시작한 사회주의 이데올로기 대신 집합적 정체성을 확보하는 중요한 방법으로서 애국주의 교육을 활용하려 하는 것이다. 이에 근대 이후 중국이 동아시아의 일원으로서 서양과 일본의 침략을 받았던 것에 대한 보다 사실적인 역사교육을 추진하는 가운데, 애국주의 교육기지로서 박물관, 사회시설들이 부쩍 많아지고 확대되고 있다. 애국주의는 자기 나라를 사랑하는 마음이고, 외국 세력들의 침략에 대해 저항하는 민족정신을 강조한다. 그러나 중국의 애국주의가 주변국가에 대한 패권주의가 되지 않고, 국민감정 차원으로 확대되지 않도록 하는 것 또한 중국 애국주의의 내용이 되어야 할 것이다.

4) 국민감정 해소를 위한 모색

　중국과 한국 국민이 갖는 반일 감정은 일차적으로 과거의 역사적 경험에서 연유한 것이다. 난징학살이나, 일제의 식민지배, 일본군 '위안부' 문제 등 주로 가까운 과거의 가해와 피해의 역사와 그에 대한 처리의 미비함에 대한 불만과 갈등이 한국, 중국, 일본의 국민감정 악화의 원인이 되고 있다. '과거의 역사를 어떻게 기억하는가' 하는 집단기억의 문제는 국민의 감정 차원까지 영향을 미치고 있는 것이다. 서로 다른 역사 체험과 역사 기억의 차이는 감정적 요소를 내포하고 있기 때문이다. 세계 속에서 긴밀한 관계를 유지할 수밖에 없는 지리적 운명적 동반자에 대한 부정적 감정은 각 국가의 국민들의 건강한 국민의식이나 세계시민의식을 갖는 데 좋지 않은 영향을 끼칠 것이다. 역사인식의 갈등과 더불어 각국의 패권주의적 경쟁은 동아시아 평화 구축과 교류의 안정화를 가로막고 있다. 각국의 대립이 자국의 민족주의·국가주의를 강화하고 민족감정의 악화로 가는 상황을 막는 해법을 찾는 노력이 절실히 요구되는 때이다.

　국민감정은 일반 시민들의 주변국에 대한 감정적 대응으로서, 자연스러운 감정의 해소로 해결할 수는 없다. 국민감정을 형성하는 국가 정치적 차원, 역사 인식적 차원, 시민관계 개선 차원에서 해소하려는 노력이 필요하다. 정부는 정치적 차원에서 근본적인 원칙과 문제의식을 갖고 침략전쟁과 식민지 지배에 대한 비판을 해야 할 것이다. 그러나 그것이 편협한 민족주의를 조장하거나 정권을 위해 활용되는 것을 견제하는 정치적·시민적 노력이 병행될 필요가 있다. 또한 각국의 국민이 경험한 역사 체험에서 비롯된 인식의 차이를 해소하기 위하여 국경을 뛰어넘는 역사인식을 공유하고, 민간의 깊이 있는 교류를 통해서 상호 이해에 도달할 수 있도록 해야 한다. 특히 전쟁과 식민지 경험의 차이에서 오는 각 국가 국민들의 인식의 차이를 명확히 이해하고 가해와 피해의 양면성을 시민들이 서로 이해하도록 해야 한다. 이를 위해서 가해와 피해의 역사를 밝히는 역사연구를 공동으로 진행하고 교류하는 민간의 활동이 활성화될 필요가 있다. 2002년 이후 매년 계속하고 있는 〈역사인식과 동아시아 평화포럼〉은 일본 우익의 역사왜곡 심화 이후 한국·중국·일본의 시민단체, 역사학자, 교사 등이 공동연구와 인식 차이를 극복하기 위한 지속적인 교류 활동으로서 대표적인 예이다. 역사경험의 차이를 국민의 감정차원으로 확대하지 않고, 이것이 정치 문제로 전환되지 않도록 해야 할 것이다. 특히 식민지와 전쟁을 경험했던 세대들이 점차 줄어들고 있는 상황에서 역사교육을 통해 동아시아의 젊은이들이 시야를 확대하여 이를 바탕으로 동아시아의 미래와 협력을 생각하도록 이끌어야 할 것이다.

또한 다양한 민간의 문화적 교류는 정치적, 역사적 갈등이 빚은 긴장을 완화하고, 인간으로서의 감성적 소통을 좋게 할 수 있다. 미디어는 이미 국경을 넘어 소비되고 막강한 파급력을 행사하고 있다. 방송, 언론 등은 정치 경제 교육 등 정보를 공유하고, 새로운 동아시아 문화권을 만들어가는 중요한 역할을 할 수 있다. 폭발적인 파급력을 발휘하는 대중문화의 효과는 어떠한 정치적 담화보다 동아시아 사람들을 감동시킬 수 있다. 한류는 그러한 점에서 문화를 통한 국민감정 해소의 커다란 역할을 하였다고 할 수 있다. 한국인이 일본 애니메이션을 즐기고, 중국영화 〈적벽대전〉을 즐기는 한편, 일본인과 중국인들은 한국음식과 K-pop을 즐길 때 감정적 교류는 이루어진다. 역사인식과 문화적 격차를 좁혀감으로써 한·중·일 국민감정의 희망적인 변화를 기대할 수 있을 것이다.

| 생각하기 |

1. 중국, 일본에 대한 이미지와 중국인, 일본인에 대한 이미지는 같은가, 다른
   가 생각해 보자.
2. 국민감정 해소와 역사왜곡의 해결 방안에 대하여 생각해 보자.

8. 한류와 혐한류

1990년대 말 이후 한류가 동아시아 대중문화 시장에서 새로운 문화 콘텐츠로 부상하였다. 한류가 동아시아의 특별한 문화 흐름으로 부상한 지 20년이 되어가는 지금도 한류는 여전히 건재하다. 한류는 드라마로 시작해 영화로, 아이돌 팝으로, 그리고 게임, 비보이, 웹툰으로 진화하면서 동아시아를 넘어 전세계로 확산되고 있다. 한류의 탄생은 한국 대중문화의 작품성이나 예술성이 대중성과 결합하여 상품적 가치로 연결된 결과였다. 또한 한류를 받아들인 동아시아 국가들의 과도기적 경제, 문화, 정치적 상황도 맞아떨어졌다. 한류의 확산은 한국이 다문화 세계사회에서 소통할 수 있는 능력이 커졌다는 것을 보여준다. 그러나 한류 문화의 확산의 이면에는 반한 감정을 불러일으키고 한류를 악의적으로 비난하는 '혐한류'가 등장하기도 하였다. 한류와 혐한류는 한국문화가 동아시아나 세계와의 교류에 있어서의 역동성과 지속성을 생각하게 하는 주제이다. 자민족중심주의나 한국의 국익만을 챙기겠다는 이기주의를 강하게 드러낸다면, 한류는 지속적인 문화교류로 이어지지 못하고 오히려 반한 감정을 불러일으키게 될 것이다. 한류가 탄생하고 발전하게 된 이유와 그 안에 어떤 불편한 진실은 없는지, 그리고 동아시아 상생을 위한 원동력은 무엇인지 생각하며 한류의 미래를 전망해 보자.

1) 한류의 탄생

한국 대중문화를 이름 하는 '한류 Korean Wave'는 1990년대 이후 동아시아를 중심으로 형성되었다. '한류'라는 단어가 널리 사용된 것은 1999년 중국 언론에서부터이다. 1997년 드라마 〈사랑이 뭐길래〉가 중국 CCTV 전파를 타면서 선풍적 인기몰이에 이어서, 클론, H.O.T, NRG 등 한국의 댄스 가수들이 중국에 진출하여 대중의 관심을 집중시켰다. 타이완과 베트남에서도 중국과 거의 같은 시기에 한류가 시작되었다. 타이완의 경우 2001년 한국 드라마 〈가을동화〉가 시청률 1위를 기록하였고, 베트남의 경우 영화 〈찜〉, 〈엽기적인 그녀〉 등이 인기를 끌었다. 2000년대 초반부터 태국과 싱가포르에서도 TV드라마를 중심으로 한류가 시작되어 비, 세븐 등 댄스가수들이 한류 붐을 일으켰다. 일본에서는 한류가 본격적으로 시작되기 전 한국 영화 〈쉬리〉, 〈공동경비구역 JSA〉, 〈엽기적인 그녀〉 등이 성공을 거두었으나, 2003년 초 일본 위성채널에서 드라마 〈겨울연가〉 방영 이후 본격화하였다. 같은 시기 한류는 남미, 중동, 아프리카로 확산되었다. 페루에서도 〈겨울연가〉가 방영되었고, 베네수엘라, 에콰도르, 이스라엘에서도 〈꽃보다 남자〉, 〈풀하우스〉 등이 방영되어 성공을 거두었다.

2005년에는 〈겨울연가〉에 이은 최고의 한류드라마 〈대장금〉이 탄생하였다. 〈대장금〉은 중국, 인도에 이어 이란, 터키, 이집트 등 이슬람 국가에서도 80%대의 시청률을 기록하였고, 홍콩, 동남아, 중앙아시아, 아프리카, 동유럽으로 수출되었다. 이 드라마를 계기로 드라마와 음악을 넘어 한국음식과 전통문화로까지 '한류'가 확대되었다. 이후 한류가 붐을 일으킨 나라에서는 한류 콘텐츠를 방영하는 전문채널이 등장하였는데, 일본의 Mnet Japan, Korea Now TV, 타이완의 GTV娛樂K台 등이 대표적이다. 뿐만 아니라 한류를 통해 한국어를 배우고자 하는 외국인도 증가하였다. 일본에서는 1984년 9만부가 팔리던 한국어 강좌 교재가 2004년에는 20만부가 팔렸고, 교육과정평가원 주관 한국어능력시험의 경우 시험이 처음 시행된 1997년에는 4개국 14개 지역에서 시행되었으나, 2008년에는 24개국 86개 지역에서 시험이 치러졌다. 한국어를 배우는 이유는 유학, 취업, 한류로 인한 한국에

한류의 열풍을 일으킨 드라마 DVD

대한 관심 등의 고조에서 비롯되었다. 한편 2014년 방영된 〈별에서 온 그대〉로 중국에서는 치맥, 라면 등 한국음식문화를 비롯하여 주인공이 사용한 화장품과 옷 등의 상품, 나아가 《조선왕조실록》에 대한 관심도 높아졌다.

한류의 탄생은 동아시아의 사회변화와 밀접한 연관이 있다. 한국 대중문화에 대한 관심이 가장 먼저 일어나고 '한류'라는 단어를 만든 중국의 경우, 1978년부터 시작된 개혁·개방정책과 '1가정 1자녀' 캠페인의 결과 집집마다 '소황제小皇帝'가 탄생하였다. 개방적인 분위기 속에서 자본주의적 소비패턴을 갖게 된 소황제들이 한류의 주 소비층으로 부상하였다. 중국 정부도 문화개방정책에 따라 중국으로 밀려들어오던 홍콩, 마카오, 타이완 문화 등의 서구문화를 견제하기 위해 한국문화를 적극적으로 받아들이는 정책을 취하였다. 이처럼 정부 차원에서 한류 수용을 지원한 것은 베트남도 비슷하였다.

그러나 이러한 사회주의국가의 정책적 지원 외에도 '한류' 대중문

화의 유통은 가격과 품질 면에서 우위를 차지할 수 있었기에 가능하였다. 1990년대 중반부터 아시아 국가들 사이에서 방송 영상물에 대한 수요가 확대되었다. 1970년대 이후 일본 방송물(드라마, 애니메이션)과 게임에 대한 수요가 폭발하였는데, 이러한 대중문화를 주도하였던 것이 '일류日流'였다. 그러나 '일류'를 주도한 일본 방송물의 수입가격이 오르면서 가격과 품질 경쟁력을 갖춘 한국의 방송 상품에 대한 관심이 증대하였다. 중국 언론에서 지적했듯이 한국 드라마는 다른 나라의 드라마에서 볼 수 없는 배경 설정과 세팅능력, 뛰어난 촬영 기술을 선보이고 있었기 때문이다.

2) 한류의 효과

한류의 효과는 크게 경제적 효과와 경제외적인 효과로 나타났다. 우선 경제적 효과는 ① 한국 문화상품 수출 증가라는 직접적 효과 ② 한류를 활용한 또는 한류로 인한 한국 상품의 수출이 증대하는 간접적 효과 ③ 한국 관광 및 기타 서비스 산업에 미치는 부수적 효과로 나누어 볼 수 있다. 즉 컬처노믹스(Culture+Economics의 결합)로서의 효과이다. 경제외적 효과로는 국가 이미지를 제고하거나, 한국의 역사, 지리, 풍습, 음식 등에 대해 관심과 호감이 증대하고 정치적, 역사적으로 불행한 인연이 있는 나라에서 감정적 앙금을 해소하는 데 도움이 되었다. 실제로 적지 않은 사회조사나 연구들이 동아시아 국가들에서 한류현상이 나타난 이후로 한국이란 나라와 한국인들에 대한 이미지가 개선되었다고 밝히고 있다. 무엇보다 역사적으로 한국과 불행한 관계를 맺었거나 맺고 있는 일본, 중국, 베트남, 타이완 등에서 한국의 대중문화가 큰 인기를 모은 결과 한국과 한국인에 대한 이미지가 좋아진 것은 대민외교의 측면에서 엄청난 성과라고 보아야 할 것이다. 한류는 문화 상품 이상의 외교 내지 대외정책에까지 영향력을 보이며 세계 속에 한국을 알리고 소통하는 역할을 하였다. 문화로서 갖는 가치가 대중적 인기로, 경제적 효과로, 한국에 대한 이미지 제고로 이어졌던 것이다.

3) 한류의 확산과 혐한류

인터넷과 SNS 사용이 확산되면서 한류도 방송을 넘어서 새로운 유통경로를 가지게 되었다. 초기 방송을 통한 한류의 접근을 넘어서 스스로 한국문화에 대한 이해와 공유를 위한 커뮤니티가 구성된 것이다. 특히 웹 2.0의 소셜미디어 또는 Social Networking Sites의 보급은 기존 정보와는 질적으로 다른 정보공유를 가능케 하였다. 이는 전 세계인의 리얼타임 정보 공유를 가능하게 하여 2차 한류 확산의 기회로 활용되었다. 소셜 미디어를 통해 K-pop, 드라마, 영화, 버라이어티 등이 아시아 시장을 넘어 미국, 유럽, 중동, 남미 등 전 세계에 진출하고 실시간으로 소비되고 있으며, 빅뱅의 노래를 비롯해 많은 K-pop이 유튜브나 트위터와 같은 소셜 미디어를 통해 기존에 접근하기 어려웠던 미국, 유럽 시장까지 파급되었다. 전 세계의 소비자들은 관심 있는 한류를 커뮤니티 사이트, 트위터twitter, 블로그blog, 페이스북Facebook 등 다른 소셜 미디어에 링크하고 공유함으로써 확산을 가속화시켰다. 소셜 미디어가 확산되면서 한류에 대한 이해가 확대 심화되었다는 점에서 소셜 미디어는 한류의 2단계 확산에 큰 기여를 했다고 할 수 있다. 싸이의 〈강남스타일〉이 유튜브에서 큰 인기를 끌었던 것은 대표적인 사례이다.

일본의 혐한류 서적들

소셜 미디어로 한류가 확산되는 가운데 한류에 대한 반대 분위기도 등장하였다. 익명성이라는 인터넷 공간의 특성 때문에 한류에 대한 비판 현상은 인터넷에서 증가하였다. 일본의 대표적인 SNS라고 할 수 있는 믹시mixi.jp에는 한국의 연예종합정보가 실시간으로 제공되는 믹시 최대 커뮤니티인 친한류 커뮤니티 '韓流裏話!'가 있는데, 다른 한편으로는 혐한류 커뮤니티 '韓流なんていらない in mixi'도 등장하였다. '韓流なんていらない in mixi'는 혐한류 관련 정보 제공의 허브사이트 역할을 하며 믹시 커뮤니티와 함께 다른 혐한류 SNS와 연동하거나 관련 정보를 제공하고 있다. 이러한 인터넷 커뮤니티는 행동지향적인 정보와 결합하여 정치적인 관점과 행동으로 표출되기도 하였다. 예컨대 일본의 '재특회'(재일 특권을 용납하지 않는 시민모임)는 일본사회의 불안정성과 영토문제, 역사문제가 결합하여 기존의 일본 우익과는 다른 과격한 시위를 벌이고 있다. 또한 국적이나 인종, 성, 성 정체성, 성적 지향, 출신지역, 외모 등을 잣대로 의도적으로 한국인·재일한국인을 폄하하는 '헤이트스피치Hate Speech'(증오연설)가 공공연하게 벌어지고 있다. 혐한의 등장 상황은 국가별로 차이가 있지만, 정치사회적 현상과 과거의 역사인식, 그리고 과도한 영향력 증가에 대한 국민적 반감이 교차해서 나타나는 경우가 많다. 실제로 일본에서 한류를 악의적으로 비난하여 100만 권을 판매한 만화《혐한류嫌韓流》나, 중국에서 나타나는 항한류抗韓流 현상은 한류가 역풍을 맞을 수 있음을 보여주는 것이다.

그러나 혐한류는 문화상품 시장에서 한국의 독점적 지배로 인해 자국의 문화산업이 피해를 입고, 문화적 종속에 대한 반감으로 나타나는 경우도 있다. 이것은 문화교류의 차원에서 방안을 고려해 보아야 할 문제이다.

4) 한류에 대한 전망

21세기 들어 한국의 대중문화가 동아시아에 널리 유행한다는 것은 과거 한국이 문화수입국에서 문화수출국으로 능동적인 변화를 하였다는 점에서 고무적인 일이다. 그러나 한류 문화가 동아시아적 공존의 가치와 여러 나라·민족의 문화를 수용하여 지속적으로 유지되기 위해서는 문화교류 차원에서 지속시킬 수 있는 사회문화적 역량을 키워야 한다. 한류가 문화자본의 논리로 일방적인 문화 소비만을 목적으로 한다면, 과거 미국중심의 서구문화가 일방적으로 확산되면서 나타났던 문화제국주의적 모습과 유사해질 수 있다. 한류의 확산이 상업적 이윤과 한국인이라는 민족적 자긍심을 주었지만, 한류문화가 왜 동아시아에서 유행하는지에 대한 사회문화적 고려가 필요하다. 한류는 한국을 넘어서는 글로벌문화이자 지역의 로컬문화와 결합하면서 나타난 대중문화현상이다. 일방적인 팬덤 문화소비에만 주목하여 한류를 즐기는 로컬문화의 특징을 소멸시키거나 획일화시키는 것은 지양해야 할 것이다. 한류문화는 서구적 문화의 특징, 수용자들의 적극적인 참여, 한국의 한류문화 생산 주체들의 역할이 어우러진 결과물이라는 관점에서 글로벌문화와 로컬문화의 결합으로 바라보는 노력이 필요하다.

그러한 점에서 문화의 쌍방향적 교류도 추진해야 한다. 사실 문화

한류스타가 광고하는 베트남의 한국 상품광고

교류가 전제된다면 우리도 해외드라마나 문화 상품을 발굴·수입하는
데 주저하지 말아야 한다. 기본적으로 한류가 수용국의 자발적 선택으
로 이루어진 것처럼 한국도 자발적 선택에 의해서 해당국의 문화를 받
아들여야 한다. 쌍방간의 교류를 통해 한류로 인한 2차 수익을 현지인
에게 되돌리고, 나아가 공동으로 기획하고 제작을 모색하는 데까지 나
아갈 필요가 있다. 단기적인 이익 챙기기에 급급하면 동남아시아 국가
들에게 한국은 '경제실리' 챙기기에 급급한 저급한 나라라는 이미지로
남게 될 것이다.

　　아울러 한류를 구성하는 문화항목과 문화적 가치를 점검하여 그
질과 수준을 높이고, 각국의 현지성을 존중하는 문화를 만들어야 할 것
이다. 특히 우리와 동남아시아의 유사한 역사적 경험과 정치적 과정을
진정성 있게 이해하고 '한류韓流'의 콘텐츠를 개발하거나 현지성을 살리
는 것이 중요하다. 한류는 패권적인 문화제국주의나 맹목적 애국주의에

기초한 수출상품이 아니라 동아시아와 지구촌의 모든 문화들을 조화롭게 담아내는 새로운 차원의 문화로서 질적 전환과 모색을 해야 할 것이다.

| 생각하기 |

1. 한류, 특히 한국드라마가 동아시아 각국에서 크게 인기를 끄는 이유에 대하여 생각해 보자.

2. 동아시아의 문화로서 한류를 지속하기 위한 방안에 대하여 생각해 보자.

[제3부]

인권과 평화

1. 기억과 평화의 기념관

세계 각국에는 지나간 과거를 기억하기 위한 많은 기념관이 있다. 그 가운데 특히 공통적으로 많은 것은 자신들의 나라가 겪었던 전쟁에 대한 기념관이다. 전쟁을 기억하고 그 희생을 추모함으로써 과거를 교훈삼아 미래의 평화를 만들기 위해서이다. "평화를 지키는 투쟁은 망각과의 투쟁이다"라는 말이 있다. 20세기 동아시아인은 누구도 전쟁과 무관하게 살아갈 수 없었다. 동아시아 내에서의 침략과 저항의 전쟁은 가해국과 피해국 국민 모두에게 깊은 전쟁의 상처를 남겼으며, 그들은 각자의 입장에서 과거를 자기 방식대로 기억하고 기념하고 있다. 동아시아인들이 서로 다른 맥락에서 평화를 이야기하고 표상하는 것은 오늘날 동아시아 각국의 평화에 대한 인식의 차이를 보여주는 것이기도 하다. 평화에 대한 기억과 기념이 다르다는 것은 희망하는 평화의 내용도 달라질 수 있다는 것을 의미한다. 일본인들의 평화 기념관, 중국의 항일기념관, 한국의 전쟁과 평화의 기념관을 통해 한국 중국 일본이 기억하고 기념하는 평화의 내용을 이해하고 동아시아 평화 만들기에 대하여 생각해 보자.

1) 일본 평화기념관의 피폭 기억하기

2차 세계대전 이후 일본에서는 전쟁을 기억하는 많은 시설물들이 만들어졌다. 세계 평화박물관의 50%는 일본에 있다고 할 정도로 일본 각지에는 평화기념관이 많다. 이 중 다수의 평화기념관은 전쟁의 비참함, 대공습의 기억, 나가사키·히로시마의 원폭 투하의 참상을 전함과 동시에 군인을 포함하여 전쟁 희생자들에 대한 추모 그리고 평화의 소중함을 호소하고 있다.

평화기념관의 최초는 1954년에 지어진 히로시마 평화기념공원이다. 히로시마는 나가사키와 마찬가지로 아직도 피폭의 흔적이 남아 있어 피해를 눈으로 확인할 수 있는 곳으로서, 집합적 기억 공간으로 평화기념공원을 조성하였다. 미군의 무차별 공습에 의한 세계 최초의 피폭 도시라는 사실을 전시물로 부각시킴으로써 전쟁의 비극을 극대화시키고 있다. 그러나 이곳은 역사적 맥락은 제거한 채 '1945년 8월 6일에 무슨 일이 일어났는지'를 보여주는 것에 집중하고 있다. 일본의 전쟁 지도부가 오키나와에서 미군과의 전투에 시간을 끌며 '본토 결전'을 준비하면서 연합국이 요구하는 무조건 항복을 거부했고, 일본 천황제의 존속을 보장받는 것을 전제로 '종전' 협상을 시도하던 도중에 원폭이 터졌다는 사실은 다루지 않고 있다. 그 결과 일본 침략 전쟁사의 전체 모습 속에서 가해자 국민으로서의 존재감은 희석되고 피해자 일본인만 기억되도록 하고 있다. 심지어 조선인과 연합군의 포로들도 원폭 피해를 당했다는 사실을 한동안 외면했었다. 역사성을 배제한 히로시마 평화공원은 '평화의 전시'를 통해 평화에 대한 당위성과 피해자 의식이 결합하여 일본인 스스로 희생자 의식에 빠져 들게 하였다. 2차 세계대전 막바지에 미군의 일본에 대한 무차별적인 도시 공습과 피폭으로 많은 일본인은 전쟁의 피

피폭 당시의 건물(위)이 현재 히로시마 평화기념공원에 그대로 보존되고 있다(아래).

해자가 되었고, 그러한 피해자로서의 전쟁에 대한 환멸의 공감을 바탕으로 '평화'를 강조한 것이다. 이러한 기억의 기념물들은 일본의 침략으로 피해를 당한 아시아 각국의 사람들뿐만 아니라 전쟁에 동원되어 희생당한 일본인들의 참 모습도 생각하지 못하게 한다. 히로시마 평화기념공원은 상징 공간으로서 일본 내의 세계 평화운동 핵심 거점 역할을 하고 있지만, 다른 한편에서 이 공원은 일본인으로 하여금 가해국 국민으로서의 존재 의식을 희석시키면서 피해자 의식을 지속적으로 재생산하는 거점이 되고 있다.

　　일본 국가가 주도해서 건립한 일본의 평화기념관은 대부분 일본 자신이 일으킨 침략전쟁에 대한 가해자로서의 반성과 성찰이 드러나지 않는다. 피해자로서의 일본을 공개적으로 드러내며 일본인 중심의 전쟁 기억을 집합하고 있다. 대다수 일본인들은 개인적으로 명확히 전쟁을 반대하면서도 침략국 국민으로서 뚜렷한 책임의식은 갖지 못하는 경향이 있는데, 이러한 과거 전쟁과 평화에 대한 기억을 재생산하는 기념물들을 보고 그러한 역사교육을 받는다면, 당연한 결과라고 할 수 있다.

그러나 1980~90년대 들어 일본에는 피해의 기억에서 전쟁을 부정하고 평화를 말하던 국민감정에 변화가 오기 시작하였다. 그것은 일본의 전쟁 가해자로서의 반성을 촉구하는 사회 분위기에서 형성되었다. 역사 교과서나 야스쿠니 신사 문제로 인하여 아시아 근린국가들의 일본에 대한 비판이 일어나는 가운데, 일본의 침략과 가해의 사실을 인정하고 이에 대한 반성과 사죄의 필요성이 사회적 분위기로 형성되었다. 1995년 전후 50년 담화에서 무라야마 총리는 과거 일본이 식민지배와 침략전쟁을 통해 아시아 여러 나라에 손해와 고통을 안긴 것을 반성하였다. 근린국가에 대한 사죄와 역사 기록에 대한 약속도 이때 이루어졌다. 이러한 분위기에서 1990년대 아시아·태평양전쟁을 대상으로 하는 보다 포괄적인 의미의 평화박물관이 일본에서 만들어졌다. 대표적으로 오사카 국제평화센터(일명 PEACE 오사카)와 교토 리쓰메이칸立命館 대학의 국제평화뮤지엄이 있다. 이 둘 다 일본인이 피해자라는 시각만 아니라 가해자라는 시각도 포함하고 있다. 또한 히로시마 평화공원의 전시 내용에도 중일전쟁과 아시아·태평양전쟁 때 동원되고 희생된 조선인과 중국인, 그리고 피폭당한 한국인의 존재를 인정하는 전시물이 마련되었다.

2) 중국의 항일기념관

1985년에 설립된 난징대학살 기념관은 독일 아우슈비츠 수용소를 능가하는 비극을 기억하는 역사 기념관이다. 난징대학살 기념관의 건립은 1982년 일본의 역사교과서 문제가 발생하자 이를 계기로 중국 각지에서 항일전쟁 관련 유적을 발굴 보존하는 집합적 기억을 위한 사업의 일환으로 이루어졌다. 난징대학살은 1937년 12월 일본군에 의해 자행된 전쟁 범죄로 731부대의 생체 실험과 더불어 2차 세계대전 중 일본이 벌인 가장 끔찍한 만행으로 40일 사이에 30만 명의 중국인이 살해된 사건이다. 1937년 일본군은 베이징, 톈진 등 북부 주요도시들을 점령했다. 그해 11월 어렵게 상하이까지 점령하고 곧바로 난징을 향해 진격하였다. 난징이 함락되기 전날, 결사항전을 주장하던 중국군 사령관 탕성즈는 자신의 휘하 부대와 난징성에 고립된 시민들을 뒤로 한 채, 가장 먼저 양쯔강을 건너 도망갔다. 여기서 피난가지 못한 채 남아 있던 50만~60만의 난징 시민들과 군인들은 공황 상태에서 4~6주간 일본군에 의해 처참한 학살을 당했다. 여성들은 물론 노인들까지 강간을 당하고 나서 학살 당했다. '선간후살先姦後殺'. 이러한 방법으로 일본군은 1937년 12월부터 1938년 2월까지 40일동안 30만 명의 중국인을 학살했다.

난징대학살 기념관은 전시관 2곳과 유골전시관 2곳, 파괴된 도시와 살해된 사람들을 상징하는 부조물인 금릉겁난金陵劫難, 고통을 겪는 난징시민의 다양한 모습을 형상화한 부조물, 난징대학살 당시 생존자 222명의 족적을 탁본해 만든 동판조각, 희생자의 명단을 판각한 '통곡의 벽' 등으로 구성돼 있다. 기념관 정문에는 1937. 12. 13 – 1938. 1 이라는 학살의 기간을 새겨 놓은 13m의 십자가탑을 세워놓았다. 기념관 내부에는 3,500여 점의 사진과 모형도, 희생자 명단, 유골이 전시되어있다. 수만 점에 이르는 자료와 사진, 개인기록 파일들이 보관되어 있고 당시의 전투 장면과 무자비한 살육장면들을 동영상으로도 보여준다. 무엇보다 눈길을 끄는 것은 '300,000'이라는 숫자였다. 전시물 곳곳에는 '300,000'이라는 숫자가 새겨 있었다. 대학살 희생자 300,000명을 절대 잊지 않겠

난징대학살이 일어난 기간을 새긴 십자가탑과 난징 시민의
모습을 담은 조형물을 배치한 난징대학살 기념관

다는 의미이다. 또한 12초 간격으로 물방울
이 '똑똑' 소리를 내며 떨어지도록 음향시설
을 갖춘 전시 공간도 있는데, 난징대학살 당
시 12초마다 한 명씩 살해됐다는 점을 강조
하기 위한 것이다. 또 난징시민의 유골이 집
단으로 발굴된 곳에 만들어진 '만인갱萬人坑'
이라는 전시공간도 있다. 유골은 무려 7층으

로 층층이 쌓여 있어 처참했던 당시 상황을 엿볼 수 있다.

2013년 말 이후 난징대학살 기념관 옆에 항일전쟁 승리를 주제로
한 '전구승리 기념관'을 추가로 증축하는 등 규모를 2배 수준으로 늘리
는 공사를 하고 있다. 2015년 9월에 완공하기로 한 이 증축공사는 현재
규모인 2만 5,000m²에 승리광장, 승리공원, 8,000m² 규모의 '전구승리 기
념관' 등이 들어설 예정이라고 한다. 이는 아베 신조 일본총리의 야스쿠

베이징 항일인민전쟁기념관(위)과 내부에 전시된 항일 조형물(아래)

니 신사참배 이후 일본의 역사적 만행을 부각시키려는 중국의 국제 여론전 의도와 관련 있다고 보는 견해도 있다. 이 기념관 때문에 일본과 중국의 마찰이 끊이지 않고 있으며 일본은 내용물의 검토를 공식 요청했다고 한다. 중국은 난징대학살 역사관을 설립하여, 일본의 만행을 국제적으로 홍보하고 있으며, 유네스코 세계문화유산에 등록하려고 하고 있다. 그리고 2012년 4,000만 자나 되는 78권의 방대한 '난징대학살 사료집'을 발간했다.

중국 정부는 2014년부터 난징대학살 희생자 추모일(12월 13일)을 법정 국가기념일로 지정하는 등 국가 차원에서 난징대학살을 기념하고 일제의 만행을 세계에 알리는 데 적극적이다. 시진핑習近平 중국 국가주석은 2014년 3월 독일 베를린을 방문한 자리에서 "70여 년 전 일본군국주의가 중국 난징시를 침략해 30여 만 명의 중국군·민을 도살하는 전대미문의 참상을 저질렀다"고 비판했다. 또한 외신기자들을 난징으로 초청해 일제 만행을 고발하고, 2014년 9월부터 난징대학살 생존자 100인의 증언을 공개하기 시작했다. 뿐만 아니라 난징시 정부는《난징대학살 희생자 추모 독본讀本》이라는 단행본 교재를 처음으로 제작해 초등학교에 보급하고 있다. 난징대학살 기념관에는 '과거를 잊지 말고 미래의 스승으로 삼자'는 말이 크게 걸려있다. 현재 중국에는 박물관과 기념관을 포함해서 353개의 시설이 있는데, 이것은 덩샤오핑의 민족자존심과 자긍심 확립에 대한 방침에 따라 오늘날까지 애국주의 교육기지로 활용되고 있다. 아시아의 전쟁과 학살에 대한 기억 속에서 난징대학살 기념관은 중국인의 애국주의 교육과 미래의 평화를 위한 전시의 공간으로 많은 사람들의 발길을 끌고 있다.

3) 한국의 저항과 전쟁 기억의 기념관

(1) 항일과 독립의 기념물

1980년대 이후 한국에서도 과거 일본의 침략에 대한 항일과 관련한 시설들이 들어섰다. 1987년 독립기념관의 개관, 1992년 서대문 독립공원 건립 등이 그것이다. 그리고 1995년에는 조선총독부 건물을 철거하였다. 독립기념관은 3·1운동의 상징적 인물로 현창된 유관순의 출신지인 천안에 세워졌다. 독립기념관은 1982년 일본의 교과서가 과거 식민지배와 침략의 역사를 왜곡하려는 문제가 알려지자, 국민의 성금을 모아 건립하는 방식으로 추진되었다. 당시 군사쿠데타로 정권을 잡아 정치적 정통성이 약했던 전두환 정부는 일본의 교과서 문제를 국가적 차원

일본의 침략과 지배의 실상, 항일 독립운동의 기억을 되새기고자 1987년 8월 15일 개관한 천안의 독립기념관

의 '항일'의 이슈로 삼아 민첩하게 대응하는 한편, 국민 여론을 수렴하는 작업을 하였다. 독립기념관은 대한민국임시정부의 정통성을 내세우는 것을 기본으로 하면서 일본의 침략과 지배의 실상을 알 수 있는 전시공간으로 구성하였다. 독립기념관은 처음에는 친일파들도 독립운동가로 전시되기도 하였으나 1987년 민주화운동 이후 '친일반민족행위자'에 대한 과거사 청산이 진행되면서 전시물의 내용에서 제외되었다. 또한 이전에는 빠져있던 사회주의자들 가운데 그 행적이 항일과 독립운동에 기여한 것이 확인되는 인물들은 새로이 전시 내용에 포함되었다. 아울러 중국이나 만주에서 중국공산당과 연합하여 항일무장운동을 하였던 동북항일연군이나 조선의용군의 역사도 '독립전쟁관'의 일부로 전시되었다.

서울 안에 있는 침략과 저항의 기억을 되새기고 항일 민족교육의 현장으로 가장 접근성이 좋은 곳은 서대문 독립공원이다. 서대문 독립공원은 일제하 항일운동가들이 투옥되었던 곳으로, 해방 후까지 사용

1908년부터 1987년까지 감옥이었던 서대문형무소를 역사관으로 개관하여 한국 근현대의 독립과 민주의 기억 공간이 된 서대문 독립공원

되던 것을 항일과 독립의 집합적 기억 공간으로 조성한 것이다. 1908년 일제에 의해 경성감옥으로 시작된 서대문형무소는 1945년까지 국권회복을 위해 싸운 독립운동가들이, 해방 이후에는 1987년까지 서울구치소라는 이름으로 민주화운동 인사들이 투옥되었던 곳이다. 이곳을 1992년 독립공원으로 조성하고 1998년 '서대문형무소 역사관'을 개관하여 자주독립정신과 자유·평화 수호의 공간으로서, 한국 근현대의 독립과 민주의 기억 공간을 만들었다.

(2) 전쟁기념관

전쟁기념관The War Memorial of Korea은 서울 용산구 옛 육군본부 자리에 위치한 기념관으로, 대한민국을 지켜온 항쟁과 전쟁에 대한 기록을 모으고 보존한 곳이다. 전쟁에 대한 교훈을 통해 전쟁을 예방하고, 평화적 통일을 목적으로 한다. 전쟁기념관은 옥내전시와 옥외전시로 구분

대한민국을 지켜온 항쟁과 전쟁에 대한 기록을 보존한 용산 전쟁기념관

되어 있으며 전시자료는 총 5,700여 점에 이른다. 14,000여m²의 옥내 전시실은 호국추모실, 전쟁역사실, 6·25전쟁실, 해외파병실, 국군발전실, 기증실, 대형장비실 등 7개 전시실로 구성되어 있다. 멀리 선사시대부터 현대까지의 각종 호국전쟁 자료와 위국 헌신한 분들의 공훈 등이 실물·디오라마·복제품·기록화·영상 등의 다양한 전시자료에 따라 역동적이고 입체적으로 전시되어 있다. 특히 한국전쟁의 발발 원인과 전쟁 경과 및 휴전에 이르기까지의 전 과정을 쉽게 이해할 수 있도록 체험시설 등으로 구성되어 있다. 야외에는 한국전쟁 당시의 장비를 비롯, 세계 각국의 대형무기와 한국전쟁 상징 조형물, 광개토대왕릉비, 형제의 상, 평화의 시계탑 등이 전시되어 있으며 기념관 전시실 입구 양측 회랑에는 창군 이래 나라를 위해 목숨 바친 국군 전사자와 유엔군 전사자명비가 있다. 전쟁기념관의 옥외 전시장에는 2차 세계대전, 한국전쟁, 베트남 전쟁 등에 사용되었던 무기를 전시하고 있다. 전차나 곡사포, 미사일 같은 지

상군의 무기에서 H-13 헬리콥터, S-2 해상초계기, KT-1 훈련기 같은 공군의 비행기 등도 전시하고 있으며, 기념관 주변의 수경 공간에는 반잠수정이나 에어보트 같은 해군 장비도 물 위에 전시돼 있다. K-1전차 등의 일부 전시물 경우에는 관람객들이 내부에 들어가 직접 체험할 수 있도록 하였다.

전쟁기념관은 주로 '한국전쟁'의 참상과 아픔을 조명하는 것에 초점이 맞추어져 있다. 그리하여 조형물도 전쟁의 참상이나 아픔을 조명하는 대형 총알 모양의 '한국전쟁 휴전 50주년 기념 조형물'을 세웠는데, '청동검과 생명수 나무'를 중심으로 여러 작품들이 전시되어 있다. '형제의 상'이 동족상잔의 비극을 형상화했다면 '평화의 시계탑'은 미래를 지향한다. 무기 더미 위의 두 소녀는 현재의 시계와 한국전쟁으로 멈춰버린 시계를 안고 있다. '비상' 조각품이나 광개토대왕릉비 등을 통해 미래로 웅비하는 국가적 민족적 차원의 미래상을 제시하였고, 대한민국 국군 전사자 명비나 유엔군 전사자 명비를 통해 전쟁의 희생자에 대한 숙연한 마음을 갖도록 전시되어 있다.

(3) 평화박물관

① 한국에서 아시아·태평양전쟁과 관련된 기억과 평화의 박물관으로 제주도의 제주전쟁역사평화박물관JEJU Museum of War History&Peace이 있다. 제주전쟁역사평화박물관은 일제의 땅굴 진지를 복원하고 무기 등 2,000여 점의 전쟁 유물을 모아 2004년에 개관한 사설 박물관이다. 2006년에는 진지동굴이 근대문화유산 등록문화재 제308호로 지정됐다. 진지동굴은 태평양전쟁 말기 일제가 미군의 일본 본토 상륙을 막기 위해 제주도를 최후 방어거점으로 상정하면서 제주도민의 강제노역으로 만들어졌다. 3층 구조에 길이만 2km에 달한다.

1945년 2월 필리핀, 4월 오키나와까지 미군이 점령해오기 시작하자 일본은 미군이 일본 본토까지 상륙할 것으로 예측하고 본토 사수 작전을 세웠다. 일본군은 미군이 일본 본토 상륙 전단계로 제주도를 점령할 것으로 예측하고 제주도 사수계획을 수립하였다. 이에 따라 제주도에 상륙하는 미군을 격퇴하기 위한 전략으로 곳곳에 제주도민들을 동원하여 방호벽과 동굴진지를 구축하고 섬 전체를 요새화하였다. 일본군은 제주도 전역에 진지를 구축하고 이를 목적에 따라 위진지僞陣地(적을 유인하기 위한 위장 진지), 전진거점진지(주저항진지의 전방에서 주진지 접근을 방어하는 진지), 주저항진지(주력부대 주둔 진지), 복곽진지複廓陣地(주저항진지가 함락되었을 때 도피할 최후 진지)로 구분하였다. 이때 일본군은 제주도에 동굴진지를 만들었다. 일본군의 동굴진지는 제주도의 368개나 되는 수많은 오름 중 120여 오름에 구축된 것으로 조사되고 있고, 아름다운 관광자원인 오름의 몸통 마다 뼈아픈 전쟁의 상흔을 간직하고 있음을 보여주고 있다. 동굴 진지 이외에도 모슬포 알뜨르 비행장과 격납고 시설, 고사포 진지 등 일본군이 제주도 전역에 남긴 군사시설은 다양하다. 제주도민을 강제동원하여 구축한 제주도 동굴진지 요새는 미완의 전쟁 기지로 남아 침략 전쟁의 아픈 상흔을 보여주고 있다.

② 베트남 전쟁 종전 40년, 한국-베트남 수교 23년이 되었지만, 베트남에는 여전히 전쟁의 상흔이 가득한 것이 현실이다. 한국군 증오비, 민간인 학살 피해자들을 기리는 위령비가 베트남 중·남부 지방에 수십 개가 있다. 한국의 전쟁 역사에서 유일하게 외국에 파병한 베트남 전쟁은 전쟁에 대한 대립되는 기억과 상처를 안고 있다. 파병된 한국군 가운데 총 5천여 명의 죽음, 1만 명의 부상자, 2만여 명의 고엽제 환자가 양산되었다. 파병 기간에 한국군은 5만 명의 베트남인들을 살해하였다. 다양한 기억과 상처가 남아 있는 가운데, 동아시아의 전쟁에 대한 성찰에

베트남 고자이 마을 추모공원. 위는 빈호아 학살 한국군 증오비(사진 : 평화박물관 제공)

서 베트남 전쟁은 중요한 대상이다. 이러한 목적에서 세워진 것이 평화박물관이다.

평화박물관은 베트남 전쟁 당시 한국군의 베트남 민간인 학살에 대한 사죄운동으로 1999년 출발하여, 일본군 '위안부'로 끌려갔던 문명금, 김옥주 할머니의 성금으로 2000년부터 추진되었다. 2003년 '평화박물관건립추진위원회' 결성 후 문화예술 작품의 전시와 평화교육 및 다양한 활동을 벌여온 평화박물관은 전시공간 'space99'와 함께 현재는 서울 인사동에 있다. 전시공간 'space99'는 전쟁과 평화, 역사를 주제로 한 전시를 비롯하여 사회적 약자들의 목소리와 일상의 폭력에 대한 전시까지 폭넓게 운영되고 있다.

한편 평화박물관은 기억의 전시 공간일 뿐만 아니라 평화운동의 공간이기도 하다. 전쟁과 폭력, 차별과 배제의 기억을 올바로 성찰하기 위한 활동의 일환으로 아시아·태평양전쟁 한국인 피폭자들을 지원하는 활동도 하고 있다. 1945년 8월 일본 히로시마와 나가사키 전체 피폭자 680,000명의 10분의 1이 넘는 70,000명이 강제동원 등으로 히로시마와 나가사키에 있던 한국인이었다. 1945년, 광복과 함께 한국은 일본 다음의 원폭피해국이 되었다. 살아남은 이들 중 23,000명이 고국으로 돌아왔지만, 피폭자 중 40,000명이 사망하였다. 70년이 지난 지금 생존해 있는 원폭피해자 1세는 2,584명(한국원폭피해자협회 등록, 2014년 12월 31일 기준)에 불과하며, 그 후손 역시 대물림 되는 질병과 가난, 소외로 인한 정신적, 육체적 고통 속에 살고 있다. 2000년대 초반부터 시작된 '한국인 원폭피해자 및 그 후손들을 위한 특별법' 제정 운동은 지속되었는데 2015년 19대 국회에서도 '원폭피해자 및 후손 지원에 관한 법률' 4건이 발의된 상태이다.

| 생각하기 |

1. 히로시마 피폭에 대한 일본인의 입장과 다른 동아시아인의 입장의 차이점은 무엇인지 생각해 보자.
2. 한국과 중국의 항일기념관은 한국과 중국의 국가적 입장을 넘어 인류 사회의 인도주의적 관점을 갖고 있는지 생각해 보자.

2. 동원, 학살, 치유

전쟁은 인간성을 파괴하는 비극적인 사건이다. 피해자의 피해로 인한 것은 물론이며, 가해자도 그 상처로부터 자유롭지 못하다. 동아시아의 나라들은 과거 역사의 비극 속에서 전쟁을 치렀다. 총력전total war으로 치러진 전쟁에서 많은 사람들이 동원되었고 전후방 구분 없이 민간인들도 희생되었다. 일본의 전쟁에 강제 징병 당했던 아시아의 청년들, 전쟁을 돕기 위한 인력으로 강제동원되었던 사람들은 모두 전쟁의 희생자들이다. 또한 20세기 동아시아의 전쟁에서는 광범위한 민간인 학살이 있었다. 민간인의 학살은 전투 과정에서 폭력적 권력에 의해 저질러진 전쟁범죄이다. 민간인 학살은 주로 대규모의 생명 살상이었고, 전후 진상규명도 하기 어려운 상황에서 그 트라우마는 깊고 넓게 그리고 오랫동안 해결되지 않고 남아 있다. 동아시아의 사람들이 전쟁이 만들어 놓은 비극으로부터 해방되어 평화와 안전의 미래를 만들어 가기 위해서는 과거 전쟁 동원의 피해와 학살에 대한 치유가 필요하다. 동아시아의 나라들은 이러한 필요에 의해 과거의 강제동원과 죽음에 대한 반성과 치유를 시도하였다. 아직까지 완전히 해결되었다고 볼 수 없으나, 그러한 과거에 대한 반성과 치유는 동아시아인의 인권을 회복하고 평화의 공동체를 만들어가는 디딤돌이 될 것이다.

1) 전쟁과 강제동원

아시아·태평양전쟁을 치르면서 일본은 식민지 한국과 타이완에서 많은 사람들을 전쟁에 강제동원하였다. 일본의 한국에 대한 강제동원 구상은 1938년 육군지원병제도를 통해 시작되었다. 당초에는 모집에 응모하는 사람이 적었으나, 전시체제가 강화됨에 따라 도, 군 등 행정기관이 모집인원 경쟁을 시작하여 희망하지 않는 사람도 강제적으로 지원하게 하였다. 1942년에는 25만 명, 1943년에는 30만 명이 지원한 것으로 되어있다. 지원병들은 6개월 동안의 일본어 훈련, 군사훈련을 실시하고 부대에 배속되었다. 이러한 지원병제도는 1944년 아시아·태평양전쟁이 막바지에 다다르자 징병제로 바뀌어 패전할 때까지 약 20만 명이 징집되었다. 그리고 '국민징용령'을 실시하여 모집, 징용, 보국대나 근로동원, 정신대 등의 이름으로 군인이 아닌 많은 한국인들을 전쟁터로 끌고 가 노동력을 강제 수탈하였다. 이에 약 700만 명의 한국인이 전쟁노동력으로 동원되었다. 강제 징용된 한국인 노동자들은 일본, 사할린, 남양지역의 광산, 토건공사, 군수 공장 등으로 보내져 많은 사상자를 내었다. 또한 여자정신근로령을 만들어 12세에서 40세까지 여자 수십만을 강제로 동원하였다. 이들은 일본과 한국내의 군수 공장에서 일하는 경우도 있었지만, 그 상당수는 중국과 동남아시아의 전쟁 지역으로 보내져 군인 상대의 성적 노예가 되는 비참한 삶을 살게 되었다. 이들 일본군 '위안부'는 철저하게 폭력에 의한 일본 정부와 군대의 강제동원을 통해 이루어졌고 적게는 8만 명, 많게는 20만 명으로 추정된다.

전쟁이 끝난 이후 강제동원된 한국인에 대한 일본 국가와 기업의 전후 처리 문제가 남게 되었다. 강제동원되었던 노동자들은 귀국해서 보상요구운동을 전개하였다. 남한의 미군정은 한국인들의 보상요구를 무시할 수 없었다. 미군정 하에서 일본에 동원되었다가 귀국한 노동자의 신고를 받았는데, 1946년 3월 1일부터 9월말까지 신고한 인원이 105,151명이었고 임금과 각 수당 및 배상금 미지급 신고액이 565,125,241엔이었다. 이 미지급액은 한국 정부가 대일강화회의에 참가하여 대일배상요구조서로 만들 예정이었다. 그러나 영국과 미국이 '한국은 일본과 교전국이 아니었다'라는 이유로 한국의 대일강화회의 참가를 반대하였기 때문에 한국 정부는 1951년 샌프란시스코 강화회의에 초대되지 못하였고, 강제동원된 노동자들의 보상요구도 좌절되었다. 이후 이 문제는 1965년 한일조약에서 한국 정부가 일본으로부터 받은 경제협력자금으로 민간인의 대일청구권을 보상한다고 규정하였다. 그러나 그것도 1945년 8·15 이전에 사망한 자에 한정되어, 1974년 1인당 겨우 30만 원을 받는 것으로 규정되었다. 이 적은 액수조차 많은 수의 사람들은 그 대상에서 제외되었다. 1975년 7월 1일부터 한국 정부가 지급한 소액의 배상금을 받은 유족은 8,522명, 총 금액 25억 6,560만 원으로 일본으로부터 받은 무상공여 3억 달러의 5.4%에 지나지 않았다.

일본의 전쟁병참기지로서 황민화정책에 의한 강제동원이 일어난 것은 타이완도 마찬가지였다. 일본은 1941년부터 주민 동원조직인 '황민봉공회'를 조직하여 '타이완 특설노무봉사단'이라는 이름으로 말레이시아와 필리핀의 전장으로 끌고 갔다. 일본 육군과 해군은 1942~43년에 특별지원병제도를 실시하고 1945년 1월에는 징병제도를 실시하였다. 그 결과 36,000명의 타이완 청년들이 일본의 전쟁에 강제동원되었다.

강제동원 전쟁피해자들이 일본 정부를 상대로 한 전후 보상 소송은 1990년부터 잇따라 시작되었다. 강제 연행, 강제 노동에 대한 일본 정부의 사죄와 배상을 청구한 중국과 한국 피해자의 소송, 강제 연행과 피폭 및 전후 일본 정부의 무작위 책임에 대해 보상을 청구한 한국 피폭자

의 소송도 있었다. 이러한 소송은 피
해국과 가해국 시민들의 공동 운동
으로 전개되기도 하였다. 이것은 소
송이라는 법률적 형식을 통해 일본
정부에 역사적 사실의 인정과 공식
사죄를 요구하는 등 일본의 역사적
책임을 묻는 활동이었다. 대부분의
전후 보상청구 소송은 패소했지만,
그 가운데 히로시마의 미쓰비시중공
업에 징용되었던 피폭자 소송에서는
최고재판소가 전후 재외피폭자에 대
한 일본 정부의 책임을 지적하고 배
상 지불을 명령했다. 또한 강제징용
배상에 대한 한국 정부와 일본 정부
를 상대로 한 손해배상소송도 있었
다. 2012년 5월 24일 대법원은 1944년
일제와 구 미쓰비시중공업, 구 일본제

일본 제국주의의 강제동원. (위) 타이완,
(아래) 한국

철에 강제동원된 한국 국민 8명이 낸 손해배상 및 임금지급 청구 소송에
서 원고들의 청구를 기각한 원심을 깨고 한국 사법부 최초로 일제 강제
징용 피해자들에게 일본 기업이 배상할 책임이 있다는 판결을 내렸다.

강제동원된 사람들의 배상은 여러 정치적 법적 장애로 인하여 쉽게
해결되어 치유되기 어렵다. 그러나 전후 독일처럼 한국과 일본의 정부와
기업이 재단을 만들어 함께 이를 해결한다면 과거 전쟁의 상처는 치유
되고 동아시아의 평화적 환경을 만드는 데 크게 기여할 것이다. 또한 한
국 정부는 2004년 '일제강점하 강제동원 피해 진상규명 등에 관한 특별

법'을 제정하여 진상 규명과 부분적 보상을 추진하였는데, 피해국이 나서서 기구를 설립하여 강제동원의 피해에 대한 진상을 구명하고 부분적인 보상을 추진하는 노력을 기울인 것은 세계적으로 드문 일이었다.

2) 전쟁기 민간인 학살과 치유

한국전쟁, 베트남 전쟁 등 20세기 동아시아에서 벌어진 전쟁은 광범위한 민간인 학살이 있었기 때문에, 전쟁의 트라우마가 깊고 치유를 위한 노력 또한 지속적으로 요구되고 있다. 전쟁을 겪은 세대들이 점차 줄어들고 있는 상황에서 여전히 남아 있는 전쟁 상처의 치유는 현실적으로 또한 역사적으로 이루어지길 기다리고 있다.

(1) 한국전쟁

3년여의 한국전쟁을 치르는 동안 전선이 바뀔 때마다 냉전의 잣대로 무고한 민간인들이 죽임을 당하였다. 먼저 전쟁발발 직후 한국 경찰은 보도연맹 가입자들을 학살하였다. 보도연맹은 과거 공산주의운동을 했던 사람들을 대상으로 1949년 조직된 단체인데, 북한군이 진입할 경우 보도연맹 가입자들이 이들을 돕거나 남한에 반대하는 폭동을 일으킬 수 있다고 판단했기 때문이다. 이 과정에서 공산주의 활동과 무관한 무고한 민간인들이 많이 죽었다. 한편 북한군들에 의한 민간인 학살은 1950년 9월 15일의 인천상륙작전 직후 일어났다. 북으로 후퇴하는 북한군들은 정치범으로 구금했던 남한 인사들을 처형했는데, 대전형무소 사건이 그 대표적인 예다. 또 다른 문제는 북한군의 일부가 북으로 후퇴하지 못하고 산에 올라가 게릴라 전쟁을 벌이면서 일어났다. 한국 정

한국전쟁 당시 한국군에 의해 거창에서 일어난 양민 학살을 추모하는 거창양민학살 추모공원

부는 게릴라를 소탕한다는 명분 하에 게릴라들이 활동하는 주변지역에 대한 소개 작전에 들어갔다. 이 과정에서 많은 민간인들이 게릴라의 활동을 도왔다는 혐의로 재판 없이 처형되는 사건이 일어났다.

한국의 남부지역인 거창과 함양에서 1951년 초 한국군에 의해 500여 명이 총살당하였으며, 충청북도 영동군 노근리에서는 미군에 의해 1950년 7월 25일~7월 29일 사이에 경부선 철로와 쌍굴다리에서 폭격과 기관총 발사로 135명이 사망하였다. 노근리 사건은 2011년 〈작은 연못〉이라는 영화로 만들어지기도 하였다.

한국전쟁 당시 여러 지역에서 벌어진 민간인 학살 문제는 이후 오랜 기간 동안 침묵 속에 남아 있었다. 강한 반공주의적 분위기 속에서 유족, 생존자 등은 2차 피해를 우려하여 이 문제를 밝히기 꺼려하였다. 이후 한국사회의 민주화 과정 속에서 한국전쟁기 민간인 학살 문제에 대해 사회적 환기가 이루어졌으며, 2007년 이후 '진실과 화해를 위한 과

한국전쟁 당시 미군에 의해 노근리에서 벌어진 양민 학살을 추모하는 노근리 평화공원 조형물(위)과 사건이 일어난 현장(아래). 흰색 표시가 총탄 자국

거사 정리위원회'에서 상당 부분 진상 조사를 하여 그 조사 보고서가 출판되었다. 또한 정부나 미국으로부터 일정한 배상금을 받고 추모공원이 만들어졌다.

(2) 베트남 전쟁

베트남 전쟁에서의 민간인 학살 또한 전쟁의 깊은 상처이다. 베트남 전쟁은 정규군끼리의 전투 이외에도 '베트콩'으로 알려진 비정규군이었던 남베트남 민족해방전선의 게릴라 활동이 많았던 전쟁이다. 미군을 비롯한 한국군 등 남베트남의 동맹군은 전투원과 비전투원의 구분이 모호해지자 일정 구역에 민간인을 몰아놓고 수용하여 전략촌을 만

참혹한 베트남 전쟁의 역사를 담고 있는 호찌민시의 베트남 전쟁박물관(위)과 베트남전쟁에 대한 어린이들의 그림(아래)

들고, 그 이외의 지역은 '움직이는 모든 것을 적으로 간주'하는 '자유 사격 지대'로 보고 수색 섬멸 작전을 펼쳤다. 이 과정에서 많은 베트남 민간인의 학살이 있었다. 한국군에 의한 학살도 있었는데, 한국군에 의해 저질러진 민간인 학살은 베트남 정치국의 공식 문서에서 약 5천여 명에 이르렀다고 한다. 대표적으로 퐁니·퐁넛 학살, 하미마을 학살, 빈호아 학살 등이 알려져 있다. 퐁니 마을과 퐁넛 마을은 미군의 전략에 따라 안전 마을로 분류된 곳이었고, 미국 해병대 캡소대와 자매결연을 한 곳이었다. 이 때문에, 퐁니·퐁넛 사람들은 미군이나 한국군에 대해 경계심을 가지지 않았고, 마을에는 남베트남군의 가족들도 살고 있었다. 이러한 곳에서 대한민국 해병대 청룡 여단은 1968년 1월 30일부터 2월 29일까지 여단 규모로 '괴룡 1호 작전'을 벌였다. 이 작전은 1968

년 1월 30일 베트남 인민군과 남베트남 민족해방전선의 구정 대공세에 맞선 것으로 '구정공세 반격 작전'으로도 불렸다. 1968년 2월 12일 오전 11시 무렵 퐁넛 마을을 지나던 청룡 부대 1중대가 퐁니 마을과 퐁넛 마을의 민간인 70여 명을 학살하는 사건이 일어났다. 안전 마을이었던 퐁니·퐁넛 민간인에 대한 학살이 벌어지자, 남베트남 정부는 미국에 강력히 항의하였고 미군은 독자적인 조사를 벌였다. 주베트남 미군 사령부 감찰부는 조사결과를 주베트남 미군 사령관 및 군부 고위 장성에게 보고하였다. 보고서에는 20여 장의 사진이 첨부되어 있었고, A4 용지규격 총 554장으로 구성되어 있었다. 감찰부는 이 보고서에서 한국군이 남녀노소를 불문하고 잔혹 행위를 저지르고 사람들을 학살하였다는 것을 보고하였다. 이 보고서는 기밀문서로 분류되어 비공개로 있다가 30년이 지난 후, 2000년 6월 1일 비밀이 해제되었다. 이 사건은 2000년 '베트남전 민간인학살 진실위원회'가 진상조사를 벌이면서 사건의 전말이 밝혀지게 되었다. 2004년 6월, 한국의 시민단체는 성금을 모아 관련 희생자에 대한 추모비를 세웠다.

(3) 캄보디아의 '킬링 필드'

동남아시아의 민간인 학살 중 최대 사건은 영화 〈킬링 필드 The Killing Fields〉로도 잘 알려진 캄보디아 크메르 루즈의 민간인 학살이다. 캄보디아는 프랑스와 일본의 지배를 연이어 받다가 1953년 완전한 독립국이 되었다. 그러나 전 국왕으로서 과도정부를 이끌고 독립 후 국가원수로 취임한 노로돔 시아누크가 1970년 론 놀 등의 군부 쿠데타로 축출되면서 극심한 혼란에 빠졌다. 시아누크는 1970년 5월 중국 베이징에서 캄보디아 민족연합정부를 세우고 망명정부의 수반이 되었다. 그런데 당시 베트남 전쟁을 치르던 미군은 캄보디아와 베트남 국경선에서 활동하던 공산주의자 정당인 '크메르 루즈'의 은신처를 없애겠다는 명목으로 캄보디아를 공격하고 1973년까지 캄보디아 농촌지역에 집중적인 폭탄을 투하했다. 1975년 베트남 전쟁이 끝나자 사회주의 조직이었던 크메르 루즈가 정권을 잡으면서, 캄보디아에서는 대학살이 일어났다. 그들은 캄보디아의 모든 재앙이 미국에 협조한 도시 사람들에 있다고 보고, 모든 도시 거주민들을 농촌으로 내모는 정책을 실행했다. 이 과정에서 과거 미국의 폭격을 도왔던 캄보디아정권의 관료들은 모두 사살되었고, 수많은 도시인들이 농촌에서 기아와 질병에 시달리다 죽었다. 약 4년

왓트마이 사원 내 킬링필드 희생자의 유골

간 무려 캄보디아 인구의 1ㅣ3인 200만 명이 학살당하였다. 이러한 처참한 실상은 영화 〈킬링 필드〉로 제작되어 전 세계에 알려졌다.

이 과정에서 크메르 루즈는 내부의 갈등을 베트남과의 갈등으로 치환하려고 했고, 1977년 4월에는 '베트남인은 물론이고, 베트남어를 사용하거나 베트남인 친구가 있는 캄보디아인 전부'를 체포하는 명령을 내렸다. 결국 1978년 12월 베트남은 캄보디아를 침공하여 일주일도 지나지 않아 캄보디아의 수도 프놈펜을 점령했다. 그리고 베트남의 지원을 받는 헹삼린 정권이 세워졌다. 이후 크메르 루즈는 태국 국경에 은거하며 중국의 지원을 받아 게릴라전을 벌였고, 이는 이후 중국과 베트남

사이의 갈등으로 비화되었다.

캄보디아를 죽음의 땅으로 만들었던 '킬링 필드'에 대한 치유는 오랜 시간에 걸친 전범재판과 함께 현재도 진행 중이다. 2014년 8월 크메르 루즈 전범재판소는 크메르 루즈 체제가 무너진 지 35년 만에 킬링필드의 핵심 전범 2명에 대해 법정 최고형인 종신형을 선고하였다. 시간을 초월해 '살아있는 정의'를 확인하였는데, 학살과 강제이주, 노역, 강간 등으로 가족을 잃은 피해 당사자들은 이를 계기로 전범들이 당시 크메르 루즈의 정책 실상을 낱낱이 공개하고 자신들의 범죄와 잘못을 시인하기를 바란다고 하였다. 그러나 그 유산과 후유증은 지금까지 남아 있다. 전범 단죄뿐만 아니라 보이지 않는 후유증을 치료하는 과정을 통해 지난 시절의 진실을 찾고, 평화와 인권 존중의 기초를 마련하는 것이 지속적인 과제라고 할 수 있다.

| 생각하기 |

1. 인간 존엄성의 가치 차원에서 강제동원과 학살의 문제를 생각해 보자.
2. 동아시아에서 벌어진 전쟁의 상처 치유를 위한 다양한 방법은 어떤 것이 있을까 생각해 보자.

3. '평화의 소녀상'과 일본군 '위안부'

서울의 일본대사관 앞에는 '평화의 소녀상'이 있다. 무표정하게 일본대사관을 바라보며 앉아 있는 이 소녀상은 일본군 '위안부'를 기리는 기림비이기도 하다. 일본군 '위안부'란 1931년 일본의 만주침략 이래 일본 육·해군이 창설·관리한 군위안소에 상당 기간 구속된 채 군인·군속 상대의 성노예가 될 것을 강요당했던 여성을 일컫는다. 일본군은 점령지 중국을 비롯해 인도네시아, 싱가포르, 파푸아뉴기니 등 광범위한 국가·지역에 '위안소'를 설치하고, 조선인, 타이완인, 중국인, 인도네시아인, 동티모르인, 필리핀인 등 일본의 식민지 및 점령지 여성과 네덜란드 여성, 그리고 일본 여성들을 '위안부'로 동원했다. 전쟁에 강제로 동원된 것도 억울한 일인데, 그 동원의 내용이 성적 착취였기 때문에 피해자인 여성들은 수치심에 오랜 세월을 침묵하였다. 가해자인 일본도, 국가도 이에 관심을 갖지 않았다. 오히려 일본은 이 문제를 은폐하고 국가에 의한 강제적 동원을 부정하였다. 이에 일본군 '위안부' 여성들이 늙고 병든 몸으로 과거 일본 정부에 의해 행해졌던 강제동원과 여성의 성적 착취를 증언하였다. 그리고 1992년 1월부터 매주 수요일 서울의 일본대사관 앞에서 일본군 '위안부' 문제의 해결을 촉구하는 시위를 시작하였다. '평화의 소녀상'은 그 시위의 현장에 세워진 것이다. '평화의 소녀상'은 여성 인권회복과 전쟁 반성을 촉구하는 릴레이로 한국을 넘어 세계 여러 곳에서 세워지고 있다. 세계 어느 곳에도 유래가 없는 여성의 성적 착취와 인권 유린인 일본군 '위안부' 문제는 동아시아를 넘어 전 세계가 전쟁과 여성 인권에 대한 반성과 해결을 촉구하는 치유의 주제로 확산되고 있다.

서울 일본대사관 앞의 평화의 소녀상

1) '평화의 소녀상'

2011년 12월 4일, 서울의 일본대사관 앞에 일본군 '위안부' 기림비인 '평화의 소녀상'이 세워졌다. '평화의 소녀상' 의자 옆 돌바닥에는 "1992년 1월 8일부터 이곳 일본 대사관 앞에서 열린 일본군 위안부 문제 해결을 위한 수요시위가 2011년 12월 14일 1천 번째를 맞이함에 그 숭고한 정신과 역사를 잇고자 이 평화비를 세우다"라는 문구가 한국어와 영어, 일본어 등 3개 국어로 새겨져 있다. '평화의 소녀상'은 일본군 위안부로 희생당하였던 소녀를 형상화한 것으로, 2011년 수요시위 1,000회를 기념하는 날에 세워졌다. 수요시위는 '일본군 위안부 문제 해결을 위한 정기 수요시위'로, 일본대사관 앞에서 매주 수요일에 열린다. 1992년 1월에 시작된 이래 500회가 된 2002년 3월, 단일 주제로 개최된 집회로는 기네스북에 세계 최장 기간 집회 기록으로 올랐으며, 이 기록은 매 주마다 갱신되고 있다. 전쟁으로 인한 여성 인권 유린과 비극에 대하여 일본 정부의 공식적인 사죄와 반성을 촉구하는 외침은 오늘도 계속되고 있다. 누구나 참여할 수 있는 수요시위는 한국뿐만 아니라 세계 여성인권과 평화를 지지하는 사람들이 참여하여, 이제는 국제적인 시위가 되었다. 20년 이상 지속된 시위를 기념하고 일본군 '위안부' 비극을 기억하며 이 문제의 빠른 해결을 위하여 평화의 소녀상이 세워진 것이다.

무표정에 가까운 표정과 두 주먹 꼭 쥐고 있는 이 어린 소녀상은 아무런 말없이 일본대사관을 바라보고 있다. 소녀상 앞에는 많은 사람들이 꽃과 구두 등을 갖다 놓기도 하고, 추운 겨울엔 목도리와 외투, 비 오는 날에는 우산을 씌워 주기도 한다. 소녀상을 통해 더 이상 인권이 짓밟히는 불행한 미래가 되풀이 되지 않기를 바라는 사람들의 관심과 소망을 표현하고 있는 것이다.

평화의 소녀상이 갖는 이러한 인권적 상징성 때문에 평화의 소녀상 건립운동은 확산되고 있다. 국내에서는 서초고등학교와 성남, 대전, 화성, 거제 등에 건립되었고, 2015년 해방70주년을 맞이하여 전주, 광주, 세종, 부산, 울산, 군산, 부천 등에서 건립을 추진하고 있다. 뿐만 아니라 외국에서도 평화의 소녀상이 세워지고 있다. 2013년 7월 30일 미국 캘리포니아 글렌데일 중앙도서관에 해외 최초로 평화의 소녀상이 세워졌다. 2014년에는 미국의 디트로이트, 워싱턴 DC의 페어팩스Fairfax에도 세워졌고, 애틀랜타, 뉴욕, 유럽의 나라들에서 설립 추진 중이다. 전쟁으로 인한 여성인권 유린과 범죄에 대한 반성을

미국 캘리포니아 글렌데일 시립 중앙도서관에서 해외 최초로 건립된 위안부 소녀상 제막식에 참석한 김복동 할머니

촉구하는 세계 여론 속에서 평화의 소녀상은 계속 건립되고 있다.

2) '정신대'라는 이름의 일본군 '위안부'

일본군 '위안부'는 유엔인권위원회에서 전쟁기 '일본군 성노예 Japanese military sexual slavery'라고 명명하고 있으나, 일제 말기 당시에는 '정 신대'라고 불렀다. 정신대란 몸을 바쳐 헌신하는 부대라는 뜻으로, 원래 는 강제동원된 남성들도 포함되었으나, 점차 여성에게 국한되어 사용되 었다. '위안부'라는 명칭은 남성 군인들의 입장에서 붙여진 이름이라는 점에서 동원된 여성들의 인권은 전혀 배제된 채, 여성의 성적 착취를 잘 드러내는 용어이다. 1931년 만주사변 이후 일본의 전쟁이 확산될수록 여 성들의 성적 동원도 늘어났다. 동원된 여성의 총 규모는 최저로 잡아서 5만 명 전후이며 일정 기간 감금되고 강간당한 이들을 포함하면 8만에 서 20만 명 가까이 될 것으로 추정하고 있다. 일본은 패전 후 이들을 버 리고 퇴각하여 현지에 부득이하게 잔류할 수밖에 없었던 피해자들도 많 았다. 다행히 무사히 귀국을 한 피해자들도 오랫동안 스스로 과거를 봉 인하고 침묵의 세월을 보내지 않으면 안 되었다.

반세기 이상 역사의 어둠에 갇혀 있었던 '일본군 위안부' 문제는 1990년 5월 노태우 대통령의 방일을 앞두고 한국의 여성단체들이 일본 정부에 대해 '정신대' 문제 진상 규명과 사죄를 요구하는 성명서를 발표 하면서 본격적으로 제기되었다. 다음해 8월 오랜 침묵을 깨고 김학순이 일본군 '위안부'였음을 고백한 사건은 '위안부' 문제 해결의 일대 전기가 되었다. 김학순은 일본 정부의 공식 사죄와 배상을 요구하는 소송을 시 작하였다. 이후 일본군 '위안부' 문제 소송은 한국·중국·타이완·필리

핀·네덜란드의 피해 여성 93명에
의해 10건이 제기되었다.

피해자의 출현과 관련 자
료의 발굴 및 안팎의 여론에 밀
려 진상 조사에 착수한 일본 정
부는, 1992년 7월 '위안부'문제에
대한 정부의 관여는 인정하였으
나 강제연행을 입증하는 자료는
없다는 1차 조사결과를 발표하
였다. 이후 일본 정부는 한국을
비롯한 일본 외 지역에 대한 자
료 조사를 실시하고 피해자들의
증언을 청취한 후 1993년 8월 4

돌아가신 '위안부' 할머니들. 2015년 7월 기준
정부에 등록된 '위안부' 피해자 238명 중 48명이
생존해 있다.

일 2차 조사결과를 발표했다. 여기서 일본군과 관헌의 관여와 징집·사
역에서의 강제를 인정하고 문제의 본질이 중대한 인권 침해였음을 인정
하고 사죄하였다. 그러나 한편위안부의 징집 및 위안소제도의 운영 주
체가 민간업자로 이해될 여지를 남겼다. 이러한 사죄 표명 이후에도 일
본 정부는 '위안부' 문제에 대한 법적 책임은 없다는 입장을 일관되게 견
지하였다. 다만 인도적인 차원에서 도의적 책임을 지기 위해, 민간이 주
도하고 정부가 지원하는 '여성을 위한 아시아평화국민기금'을 1995년 7
월 발족시켜 피해자에 대한 위로금 지급과 의료 복지사업을 추진하였
다. 동 기금은 한국·타이완·필리핀의 위안부 피해자 280여 명에게 위로
금을 지급하고 2007년 3월 31일 해체되었다. 이에 대해 대다수 피해자와
한국정신대문제대책협의회(이하 '정대협'으로 약칭) 등 민간단체들은 민간
차원의 위로금이 아닌 일본 정부 차원의 법적 배상을 요구하고 있다.

3) 일본군 '위안부' 문제, 세계 여성 인권 운동

1990년대 크게 떠오른 일본군 '위안부' 문제는 과거사 청산에만 머무르지 않고 국제사회의 여성 인권에 대한 관심을 촉진하였다. 정대협이 1992년 유엔인권위원회에 일본군 '위안부' 문제를 상정한 이래 이 문제는 여성 인권 유린의 문제로 확대 발전되어 국제적인 관심과 조명을 받게 되었다. 1993년 제2회 UN 세계인권회의·NGO 회의에서 구조적 여성 차별 속에서 오랫동안 성폭력이 은폐되고 전쟁에 이용되었다는 것을 인식하고, 과거 행위를 처벌하지 않음으로써 또다시 발생되고 있는 세계 공통의 여성 인권 문제에 대해 논의하였다. 그리하여 여성 인권의 보편성 문제를 다룬 '비엔나 선언과 행동계획'을 채택하였고, 1998년 국제형사재판소에서는 강간, 성노예제, 강제 임신 등의 성폭력을 '인도에 반하는 죄'로 명기하고 가해자에 대한 처벌규정을 마련하였다.

2000년 12월 7일부터 12일까지 일본 도쿄에서 개최된 〈일본군 성노예 전범 국제법정〉은 일본의 여성 민간단체에서 제기하고 각국의 피해자와 활동가, 연구자, 법률가들이 조직한 민간법정으로, 일본 정부의 배상 책임을 묻는 민사재판과 책임 있는 개인들에 대한 처벌을 요구하는 형사재판으로 구성되었다. 동 법정에서는 히로히토 천황과 도조 히데키를 비롯한 9명의 고위 관료와 군부 지도자에게 유죄를 판결하고 일본 정부에 대해서는 피해자 배상을 권고하였다. 〈일본군 성노예 전범 국제법정〉에서는 일본군 '위안부'가 성노예제였으며, 이는 '인도에 반하는 죄'라고 판정했다.

2007년은 '위안부' 문제 해결을 촉구하는 국제사회의 목소리가 어느 때보다 고조된 해였다. 미 하원은 일본 정부가 1930년대부터 2차 세계대전 기간 동안 젊은 여성들에게 성노예를 강요한 사실을 인정, 사과

중국 베이징 인민항일전쟁기념관에 전시된 일본군 '위안부' 피해 사진

하고 책임을 받아들일 것을 요구하는 결의안을 7월 30일 만장일치로 채택하였다. 같은 해 11월 네덜란드 하원이 유럽 최초로 생존 '위안부'들에 대한 도덕적·재정적 보상과 학교 교재를 통한 실체의 정확한 전달을 촉구한 결의안을 통과시켰고, 곧이어 캐나다의회와 유럽의회에서도 결의안을 채택하였다. 2008년에는 UN인권이사회가 일본 정부에 대해 '위안부'문제의 해결을 촉구하는 프랑스, 네덜란드, 남북한, 중국 및 필리핀의 목소리를 담은 보고서를 채택하였다. 또한 국제연합 인권위원회·여성차별철폐위원회 등 각종 인권조약 위원회와 국제노동기구도 잇달아 일본 정부에 일본군 '위안부' 문제를 조속히 해결하라는 권고를 내놓았다.

이처럼 일본군 '위안부' 문제는 동아시아만이 아니라 국제사회로 확산되어 여성 인권에 대한 관심을 촉진했다. 일본군 '위안부' 문제가 국제사회의 주목을 받을 수 있었던 것은 각국의 여성 시민단체가 국경을 초월한 연대운동을 펼쳤기 때문이다. 그러나 일본 정부를 상대로 한 일본군 '위안부' 소송은 모두 패소하였다. 오랜 침묵을 깨고 피해자들이 스스로 나서서 진상을 고발하며 문제 해결을 요구한 지 20여 년이 흘렀지만 '위안부' 문제는 아직도 현재진행형이다.

2007년 미국을 비롯한 세계 각국 의회의 '위안부' 결의안 채택에 대해서도 일본 정부는 별다른 반응을 보이고 있지 않다. 게다가 가토(1992년)와 고노 관방장관 담화(1993년) 이후 확대되었던 일본 중·고교 교과서의 '위안부' 관련 기술은 1997년 이른바 '새로운 역사 교과서를 만드는 모임' 출범 이후 우익과 자민당의 비판이 강화됨에 따라 2001년도 중학교 교과서 검정부터 삭제되거나 축소되어, 2007년 검정을 통과한 고등학교 역사교과서에는 '위안부' 모집 과정에서 일본군의 관여를 인정하는 표현이 사라지게 되었다. 이 같은 '위안부' 문제 해결의 지체로 가장 큰 고통을 당하고 있는 사람은 바로 나이가 많은 피해자 할머니들이다. 이 문제에 관심을 가진 일본을 비롯한 세계 각국의 여성·인권·학술 단체와 연대하여 '위안부' 문제를 지속적으로 이슈화함으로써 일본 사회와 정부가 문제 해결에 나설 것을 계속 촉구해야 할 것이다.

2012년에는 일본군 '위안부' 생존자들이 겪었던 역사를 기억하고 교육하며 일본군 '위안부' 문제를 해결하기 위한 공간으로 '전쟁과 여성인권박물관'이 문을 열었다. 이곳은 일본군 '위안부' 피해자들의 명예회복과 미래세대에게 물려줄 인권과 평화를 위한 박물관이자 또한 지금도 계속되고 있는 전시 성폭력 문제를 해결하기 위해 전쟁과 여성폭력이 없는 세상을 만들어 나가는 것을 지향하는 박물관으로서 역할을 하고 있다.

다음의 내용은 만주의 위안소로 끌려가 강제로 '위안부' 생활을 했던 고 문옥주 할머니의 증언이다. 강제로 끌려가 위안부로 처참한 삶을 살게 된 한 인간의 비극을 기억하게 하는 증언이다.

일본군 '위안부' 문제뿐 아니라 전시 성폭력 문제 해결, 전쟁과 여성폭력 없는 평화로운 세상을 염원하는 전쟁과여성인권박물관

1940년에 나는 만 열여섯 살이 되었다. 그해 늦가을 쯤의 어느날 나는 하루코네의 집에 가서 놀고 있었다. 해가 뉘엿뉘엿 저물어가자 나는 하루코네 집을 나서 우리 집으로 향했다. 얼마 걷지 않아서였다. 일본 군복을 입고 기다란 칼을 차고 왼쪽 어깨에 빨간 완장을 한 남자가 내게 다가왔다. 그는 갑자기 내 팔을 끌며 일본 말로 무어라고 하였다. 당시는 순사라는 말만 들어도 무서워하던 때라 나는 아무 말도 못하고 그가 끄는 대로 끌려갔다. …

우리는 당시 중국 동북부 도안성逃安城이라는 곳에 내렸다. 여기에서 같이 온 남자는 우리를 군용트럭이 있는 데로 데려다주고는 돌아갔다. 트럭에는 군복을 입은 남자가 세 명 있었다. 군인은 모두 운전자 앞에 앉았고 우리 둘은 뒤에 타고 갔다.

트럭을 타고 한참 갔다. 트럭은 마을과 허허벌판을 지나 외딴집 앞에 와서 멈추었다. 우리가 내리자 많은 여자들이 나와서 우리를 맞아주었다. 모두 조선인 여자들이었다. 그 중에는 서른 대여섯 먹은 남자와 여자가 있었는데, 나중에 안 사실이지만 이들이 여자들을 관리하는 사람들로 우리는 이들을 언니, 아저씨라고 불렀다.

먼저 온 여자들은 20명가량 됐다. 나는 '왜 이런 곳에 여자들이 많을까?'하고 궁금해하면서도 피곤하여 그날은 별 생각 없이 잤다. 다음 날 나는 여자들에게 "이 곳이 뭐하는 데냐?"고 물었다. 그러자 누가 "너희들은 돈 받고 안 왔냐?"고 물었다. 내가 "그런게 아니고 붙들려 왔다"고 했더니 그 여자는 "여기는 위안소로 군인들을 받는다"라고 했다. 내가 "군인들 받는 데면 받는 데지 우리와 무슨 상관있냐?"라고 했더니 그 여자는 아주 답답해하면서 "군인들이 자는 곳이다"라고 했다. 그 여자들의 설명이나 안타까워하는 모습을 보고도 나는 군인들이 자면 잤지 그것이 나와 무슨 관계가 있는 것인지 이해할 수 없었다.

이 곳에 온 지 사흘이 지나자 주인은 나와 일행에게 각각 방 하나씩을 주었다. 거기에는 이불 하나, 요 하나, 그리고 베개 둘이 있었다. 이 날부터 우리는 군인들을 받아야 했는데 이때서야 비로소 우리는 여자들이 왜 그토록 안타까워했는지 알게 되었다. 나는 이날 처음 정조를 빼앗겼다. 눈 앞이 캄캄하고 기가 차서 까무라치고 울었다. … (한국정신대문제대책협의회 정신대연구회편,《강제로 끌려간 조선인 군위안부들》, 1993, 151~153쪽)

| 생각하기 |

1. 일본군 '위안부' 할머니들의 상처를 치유하는 노력에는 어떠한 것이 있는지 생각해 보자.

2. 일본군 '위안부'를 기리는 시설이나 전시물을 찾아보자.

4. 영혼의 인권 회복, 야스쿠니 신사

일본 도쿄 중심, 일본 '천황'이 사는 황궁 북쪽에 야스쿠니 신사가 있다. 이곳은 약 246만 명의 군인과 군속 등 국가를 위해 목숨을 바친 사람들을 신으로 제사지내는 곳이다. 그 곳에는 한국인 21,000여 명, 타이완인 28,000여 명도 포함되어 있다. 일본의 식민지민으로서 강제로 동원되어 전쟁에서 죽은 식민지민들도 일본의 '신'으로 제사되고 있는 것이다. 야스쿠니 신사의 신이 된다는 것은 단순한 종교적 대상으로서 신이 되는 것이 아니다. 야스쿠니 신사는 과거 신격화된 '천황'을 위한 전쟁과 그 지배를 정당화하는 상징적인 공간이다. 2차 세계대전의 A급 전범들이 신으로 모셔져있고, 2014년 7월 1일 일본 정부의 집단적 자위권 행사를 결정하는 상황에서 아베 일본 수상과 각료는 단체로 야스쿠니 신사를 참배하고 공물을 헌납하였다. 야스쿠니 신사는 일본의 군국주의, 그리고 전쟁에 대한 반성과 사죄가 없는 일본의 전쟁 기억과 이데올로기를 보여주는 곳이다. 사정이 이러하니 한국인과 타이완인의 후손들은 조상들의 영혼이 야스쿠니 신사에서 해방되기를 원했고, 이에 자신들의 조상이 일본의 전범들과 같이 야스쿠니 신사에서 '신'으로 제사지내는 것을 취소해달라는 소송을 제기하였다. 후손들은 자신들의 조상이 일본의 신이 되기보다는 가족들이 추모하는 자유로운 영혼으로 돌아오기를 바라는 것이다. 죽은 영혼의 인권을 회복하고, 동아시아의 평화를 만드는 중심에 야스쿠니 신사 문제가 있다.

1) 일본의 신도와 야스쿠니 신사

일본에 있는 가장 많은 전통 건축물로 신사神社가 있다. 입구에 하늘 천天 모양의 도리이가 있는 신사는 언뜻 보면 절같이 보이지만 일본의 고유종교인 신도神道와 관련이 있는 건축물이다. 예로부터 신사는 각지의 다양한 유래와 신앙을 토대로 제사를 지내왔고, 각 시대의 지배층으로부터 존중과 보호를 받았다. 그리고 지역 민중의 생산 활동과 향토의 전통과도 밀착되어 신앙의 대상이 되었다. 이러한 신도는 불교와 합쳐져서 따로 떼어내기 어려울 정도로 밀접히 융합되었고, 유교와 음양도 등의 이론까지 덧붙여져 다양하고 복합적인 종교 성향을 띠었다.

그러나 오늘날 일본의 곳곳에 있는 크고 작은 신사는 이러한 전통이 자연적으로 계승되어 내려온 것이 아니다. 그것은 19세기 중반 메이지 유신 이후 인위적으로 만들어진 이데올로기의 산물이다. 메이지 정부는 오랜 역사 속에서 발전해 온 신도에서 불교 등 외래종교적 요소를 배제하고 이를 천황과 직결시켜 전국의 신사를 재편하여 계열화하였다. 천황의 고대 종교적 권위를 부활시켜 중앙집권적인 재통일을 꾀한다는 정치목적에 맞도록 재편하여 '국가신도'를 만든 것이다.

국가신도 성립 이후 천황의 신격화를 위한 신사나 신사의 제사는 일본을 대표하는 전통문화로 자리잡아 나갔다. 그것들은 마치 오래전부터 그랬었던 것처럼 전통의 이미지를 조작하고 천황을 신격화하였다. 예컨대 도쿄 중심지 하라주쿠原宿역 근처에 있는 메이지 신궁은 1915년 조성되었다가 2차 세계대전 이후인 1958년 재건한 것이지만, 숲과 조형물들이 조화를 이루며 메이지 천황의 신격을 느끼는 신성한 장소로 사람들의 발길을 끌고 있다. 또한 20세기를 마감하는 즈음에 죽은 쇼와昭和 천황의 무덤도 25억 엔을 들여 마치 고분시대의 천황릉처럼 조성되었

야스쿠니 신사. 바로 앞에 보이는 것이 제2 도리이이고, 그 뒤로 신문, 중간 도리이, 배전이 보인다. 신문의 오른쪽으로 전쟁기념관인 유슈칸이 자리하고 있다.

다. 지금도 종종 신사에 가면 신혼부부들의 결혼식을 볼 수 있는데, 여러 신들 앞에서 엄숙하게 치러지는 신도식 결혼도 실은 메이지 천황의 아들 다이쇼大正 천황이 황태자일 때 황실의 조상인 아마테라스 오오미카미를 대신하는 상징물로서 거울을 모신 현소賢所에서 결혼식을 거행한 이후 일반에게 보급된 것이다.

일본의 신사 가운데 한국을 비롯한 동아시아 국가들의 주목을 받는 곳으로 야스쿠니靖國 신사가 있다. 도쿄도東京都 치요다구千代田區에 있는 야스쿠니 신사는 국가신도의 상징이자 군국주의 일본의 상징이다. 야스쿠니 신사는 일본 왕이 거주하는 황궁 북쪽에 도쿄돔 야구장의 2배 크기인 3만 평의 부지에 자리 잡고 있다. 야스쿠니 신사의 정문을 들어서면 '일본육군의 아버지' 오무라 마스지로大村益次郎의 동상이 있으며, 그 오른쪽으로는 가미가제 돌격대원의 동상, 야마토大和 전함의 포탄, 군마軍馬·군견軍犬의 위령탑 등, 각종 병기들과 함께 근대 이후 일본이 겪

야스쿠니 신사 유슈칸에 전시되어 있는 인간어뢰

은 각종 전쟁의 모습들을 볼 수 있다. 그 뒤쪽으로는 '군인칙유(천황이 내린 제국 군인의 덕목)의 비석'이 있으며, 유슈칸遊就館이라는 일종의 전쟁 박물관도 볼 수 있다.

야스쿠니 신사는 1869년 메이지 유신을 위해 목숨을 바친 3,588명을 제사지내기 위해 쇼콘샤招魂社라는 이름으로 창건되었다가 1879년 국가를 위해 순국한 자를 기념한다는 뜻의 야스쿠니 신사靖國神社로 개칭되었다. 야스쿠니 신사는 '신사중의 신사'라고 불릴 정도로 일본이 개항(1854년)한 이후 내전과 침략전쟁에서 사망한 약 246만 명의 군인과 군속 등을 국가를 위해 목숨을 바친 신으로 떠받들고 있다. 야스쿠니 신사는 제사 대상이 되는 신의 수가 정해져 있지 않고 전사자 수의 증가에 따라 무한히 제신이 늘어나는 유례없는 특수한 신사이다. 야스쿠니 신사는 일본의 군국주의 확대정책을 종교적으로 뒷받침해 주고 천황숭배와 군국주의이념을 조장하는 국영 신사였다. 야스쿠니 신사에는 1928

신사에 전시된 전몰자 사진

년 이후 일본의 대외침략전쟁을 주도한 혐의로 사형당하거나 수감 중에 사망한 극동국제군사재판(도쿄전범재판)에서 A급 전범으로 판결된 14명이 포함되어 있다. 또한 일본군 병사와 군속으로 동원되었다가 사망한 한국인 약 2만 1천여 명, 타이완인 2만 8천여 명도 포함되어 있다.

2) 야스쿠니 이데올로기

일본인·일본 문화의 특성을 최초로 분석한 루스 베네딕트의 《국화와 칼》

인류학자 루스 베네딕트Ruth Benedict는 저서《국화와 칼The Chrysan-themum and the Sword: Patterns of Japanese Culture》에서 일본인이 2차 세계대전 중에 보여준 특이성과 잔인성에 대해 분석하였다. 그녀는 일본인들에게 최고의 가치는 일본을 사랑하는 애국심이 아니라, 천황에 대해 충성하는 충성심이라 분석했다. 일본 육군은 천황에 대해 봉사하게 돼 있고, 천황을 제외한 모든 사람의 목숨, 심지어 자신의 목숨조차도 가치 없는 것이라 교육받았기 때문에 그 테두리 안에서는 아무런 거리낌 없이 살인을 저지를 수 있다는 생각을 가졌다고 말한다. 그리고 그러한 거리낌 없는 살인은 천황을 위한 죽음에 대한 신성시와 연결된다. 야스쿠니 신사는 국가신도의 종교적 틀로 치장된 일본인들의 천황제와 전쟁 옹호 이데올로기의 집합 공간이다.

1889년 일본의 제국헌법에서 천황은 법 위에 있다고 규정한 이래 일본의 국가신도는 국가신도의 제주인 '천황'을 받드는 종교적 이데올로기가 되었다. 야스쿠니 신사는 국가신도 위령의 예에 따라 '천황'을 위한 전쟁에서 사망한 군인과 군속을 신으로 모시고 제사를 지내는 예를 행해왔다. 이는 추모와 더불어 국민을 전쟁에 지속적으로 동원하고자 하는 군국주의적 의도에서 범국가적으로 진행되었다. 유족의 깊은 슬픔에 침묵을 강요하며 나라=천황을 위해 죽는 것은 '명예로운 것'이라는 의식을 주입하고 전쟁 수행을 위한 국민 동원의 시스템을 만들어갔다. 일본 국민은 '천황'의 명에 의해 신민으로서 의무를 다하기 위해 전쟁에 동원되었고, 전쟁에서 사망한 경우에는 야스쿠니 신사에 그 혼을 합사하여 제신으로 현창되어 왔다. 따라서 야스쿠니 신사는 단순한 종교 시설이 아니라 천황제의 전쟁 옹호 이데올로기의 중심지라고 할 수 있다. '천황'의 명에 의한, '천황'을 위한 전쟁은 항상 정의롭고, 전쟁에서 죽는 것은 슬픈 일이 아니라는 전쟁관이 깔려 있는 것이다.

전쟁을 죄악이나 비극으로 보는 것이 아니라 찬양하는 것이었으니, 야스쿠니 신사는 종교시설이기보다는 전쟁 옹호의 군사시설이라고도 할 수 있다. 그러한 점에서 야스쿠니 신사는 창건 직후부터 내무성에서 관장하다가 이후 육군성과 해군성에 의해 관리자가 임명되는 군사시설로서의 성격을 갖기도 하였다. 이러한 천황을 위한 군국주의 전쟁을 미화하는 이데올로기는 2차 세계대전 이후 정교분리로 그 정치적 군사적 기능을 없어졌다고 하지만, 2차 세계대전 전범 재판에서 유죄판결을 받아 처형된 도조 히데키東條英機 등 A급 전범들을 1978년 야스쿠니 신사에 모시는 의식에 그대로 이어졌다. 야스쿠니 신사측은 A급 전범들은 도쿄 재판의 '희생자'들이며, 이들이 수행한 전쟁은 천황의 명에 따른 것이니 이 또한 합사되어야 마땅하다고 주장하고 있다.

야스쿠니 신사는 일본 총리의 공식 참배, A급 전범 합사문제 외에 정치적·사상적으로 팽팽한 긴장과 대립의 중심에 놓여있다. 야스쿠니 신사에 참배하는 것은 야스쿠니의 이데올로기를 오늘날 일본에 계승한다는 것을 의미하기 때문이다. 이러한 점에서 2001년 일본 정부의 우경화가 심해지던 것과 고이즈미나 아베 총리의 야스쿠니 신사 참배와의 상관성을 생각해 볼 수 있다. 또한 2014년 7월 1일 일본 정부의 집단적 자위권 행사를 허용하는 상황에서 당시 아베 일본 수상과 각료는 단체로 야스쿠니 신사를 참배하고 공물을 헌납하였다. 요컨대 전후 70년이 된 오늘날 야스쿠니 신사의 이데올로기는 살아서 일본 우익정치의 정신적 중심이 되어 간다고 할 수 있다. 많은 일본 우익들은 이곳을 '마음의 고향'이라 여기며 참배 행렬을 이어가고 있다.

3) 야스쿠니 신사의 동아시아인 합사 문제

야스쿠니 신사에는 일본인뿐 아니라 한국인, 타이완인, 중국인 등 강제징용으로 끌려가 억울하게 죽은 사람들의 위패까지 모셔져 있다. 패전 직후 야스쿠니 신사 측은 전몰자의 합사가 불가능해질 것을 우려하여 1945년 11월 임시초혼제를 치르고, 만주 침략 이후 미합사 전몰자 200만 명을 일괄 합사하였다. 1945년 이전에도 식민지인이 합사된 적은 있었지만, 1959년 해군 군속을 대규모로 합사하면서 한국인 21,000여 명, 타이완인 28,000여 명이 합사되었다. 현재 야스쿠니 신사에 합사된 한국

한·일 시민단체의 야스쿠니반대 공동시위

인 유족들은 2001년 6월 29일, 2007년 2월 26일 각각 도쿄지방재판소에
'식민지 시대에 강제 연행되어 희생당한 피해자들의 원혼은 당사자의 종
교나 유족의 의사와 무관하게 침략 전쟁의 신으로 합사된 채 반세기가
넘게 능욕을 당하고 있다'며, 한국인 야스쿠니 신사 합사에 관여한 일본
정부의 책임을 묻고 한국인 합사 철폐를 요구하는 소송을 제기했다. 하
지만 신사 측은 유족의 의사와는 관계없이 '천황을 위해 죽은 일본의 순
교자는 유족의 것이 아니다'라는 논리를 펴고 있고, 고유한 종교 활동
의 일환으로 한국인 사망자들에 대하여 합사를 했다고 주장하고 있다.
유족들은 일본 국가와 야스쿠니 신사가 공동으로 죽은 자를 자유롭게
추도하려는 유족의 마음과 권리를 빼앗아 정치적으로 이용하고 있다고
비판하였다. 유족들이 2001년 제기한 소송은 지방법원(2006. 5), 고등법
원(2009. 10), 대법원(2011. 11)에서 모두 기각되었다. 2007년 제기한 소송은
2011년 7월 21일 도쿄지방재판소에서 기각되어 도쿄고등재판소에 항소

했으나 2013년 10월 23일 기각되었다.

유족인 한국인 원고들은 일본 최고재판소에 대한 상고를 포기하고, 대신 다른 유족들이 다시 일본 정부와 야스쿠니 신사를 상대로 합사취소의 소송을 제기하였다. 죽은 가족들의 영혼을 되찾아오려는 유족들의 외롭고 어려운 긴 싸움은 계속되고 있다. 한국의 유족들과 평화를 바라는 한일 시민단체들은 소송의 승패와 관계없이 야스쿠니의 망령이 되살아나는 것을 반대하며 매년 8월 공동으로 일본 도쿄에서 야스쿠니 반대 촛불시위를 하고 있다.

| 생각하기 |

1. 자신이 야스쿠니 신사에 '신'으로 제사지내진다면 어떠할지 생각해 보자.
2. 이웃나라의 반대에도 불구하고 일본의 수상과 각료들이 야스쿠니 신사를 참배하는 이유는 무엇일까 생각해 보자.

5. '완득이', 우리 안의 코시안

코시안(Kosian)Korean+Asian은 한국인과 동남아시아인 사이에서 태어난 한국인 2세를 가리킨다. 한국사회에는 이미 다양한 문화적·인종적 차이를 가진 이들이 들어와 함께 생활하면서 새롭게 한국사회를 구성해가고 있다. 2015년 4월 법무부 자료에 따르면, 국내 체류 외국인은 184만6천 명으로 2006년 이후 매년 10%씩 지속적으로 늘고 있다. 오는 2030년이 되면 국내 거주 외국인이 전체 인구의 10%, 약 500만 명을 넘어설 것이라는 게 통계청의 전망이다. 국제결혼의 건수는 지속적으로 증가하고 있으며, 그에 따른 이주 여성과 혼혈인이 꾸준히 증가하고 있다. 국제결혼이 증가하고 있는데, 유독 경제적으로 열악한 동남아시아 나라에서 온 여성들과의 사이에서 태어난 2세만을 코시안이라고 부른다. 한국인과 일본인 사이에서 태어난 아이를 코시안이라고 하지는 않는다. 다문화사회가 되어가는 한국사회에서 다양한 인종 구성에 대한 차별과 편견은 한국사회의 안정망을 위협하는 요인이 된다. 인적·물적 교류를 통해 동아시아 사회는 끊임없이 유동하며 변화하고 있다. 새로운 물이 흘러 들어와서 거대한 강줄기가 생겨나듯 다양한 인간의 삶이 보장되고 공존하는 사회의 힘이 우리의 삶과 인식의 지평을 넓혀가도록 해야 할 것이다.

1) '완득이'

코시안의 성장통을 다룬 김려령의 소설 《완득이》

영화 〈완득이〉는 김려령이 쓴 소설을 바탕으로 하여, 한국 남자와 동남아시아 여성 사이에서 태어난 코시안의 성장통을 그린 영화이다. 밤무대에서 탭댄스 등을 보여주는 키작고 허리굽은 아버지와 조금 부족하지만 착한 삼촌과 사는 완득이, 그리고 건너편 마주 보이는 옥탑방에 살면서 사사건건 트집을 잡는 교사 동주가 등장한다.

완득이는 의미 없는 학교생활을 하면서 공부는 바닥이지만, 싸움 하나는 거칠 것 없이 잘한다. 교사 동주는 완득이의 일거수 일투족을 간섭하며 괴롭히지만, 어느 날 완득이의 엄마를 만날 것을 주선한다. 잊고 있던 존재인 엄마가 필리핀에서 온 여성이라는 것에 완득이는 사춘기의 반항심에 만나기를 거부한다. 완득이의 어머니는 필리핀에서는 대학을 나왔으나 경제적인 이유로 한국에 시집왔다가, 완득이를 낳고 집을 나간 이주노동자이다. 그러나 돌보지 못한 자식에 대한 죄책감에 괴로워하면서 아들을 사랑하는 모성애를 갖고 있는 여성이다. 동주 선생의 노력과 어머니의 정성으로 완득이는 어머니와 따뜻하게 재회를 한다. 이 영화는 2000년대 이후 한국사회에 '다문화가정'이 늘어나면서 우리 사회에 한 부분으로 존재하는 코시안을 따뜻한 시선으로 묘사하고 있다.

코시안이란 용어는 1996년경 안산외국인노동자센터에서 '다문화가정'을 가리키는 말로 처음 사용되었다. 2000년대 들어 동남아시아 국가 출신의 여성과 한국 남성간의 국제결혼이 증가하기 시작하면서 코시안이라는 용어는 자주 언급되었다. 국제결혼이 늘어나는 동남아시아 여성들과의 사이에서 태어난 2세를 유독 코시안이라 부르는 것은, 코시안이란 용어가 같은 아시아라도 소득 수준이 높은 국가 출신에게는 해당되지 않고, 또 이국적인 외모의 아이들에게만 적용된다는 점에서 차별적인 용어라고 비판 받기도 한다. 이에 국립국어연구원에서는 '온누리안'이라는 신조어를 대안으로 제시하였으나, 대중적으로 널리 사용되지는 않는다.

코시안에 대한 편견은 동남아시아 결혼여성 이주자에 대한 편견에서 비롯되었다. 한때 길거리에는 '베트남 처녀와 결혼하세요'라는 베트남, 필리핀 등의 여성과 한국 남성과의 결혼을 중매하는 업체의 홍보 현수막이 있었다. 이 현수막은 동남아시아 여성들은 돈을 보고 시집오는 여성이라는 인식을 심어주었고, 돈을 목적으로 위장 결혼을 하기 때문에 언젠가는 도망갈 것이라는 등의 의심이 함께 생겼다. 그동안 국제결혼은 농촌총각의 혼인문제를 해결하기 위한 중요한 통로였고, 그 결과 이미 한국사회는 다문화·다인종 사회로 접어들었다고 해도 과언이 아니다. 그러나 다문화사회에 대한 사회정책이나 인식의 변화는 쉽게 정착하지 못하고 있다. 이러한 과도기적 상황에서 사회구성원에 대한 편견과 인권 침해 또한 사회적 부작용으로 나타나고 있다.

2) 동아시아 다문화사회

동아시아에서 개인의 자유로운 이주와 활발한 문화교류는 동서 냉전체제가 끝난 1990년대 이후부터 시작되었다. 이후 동아시아의 다문화사회 Multi-Cultural Society가 본격화하였다. 다문화사회는 한 국가 내지 사회 속에 복수의 다른 인종, 민족, 계급 등 여러 집단이 지닌 문화가 함께 존재하는 사회를 말한다. 현재의 다문화사회는 국제이주를 통해 인적 구성에 변화가 일어나는 경우가 많다. 전통적으로 동아시아의 나라들은 빈번한 교류와 이동이 사회 질서를 흔들 우려가 있다고 하여 해외이주를 기본적으로 금지하는 해금정책을 실시하였다. 그러나 19세기 이후 제국주의의 영향 하에서 동아시아인들의 집단적인 이산, 즉 디아스포라 Diaspora가 일어났다. 이때에도 경제적 동기에 의해 자발적으로 이주한 경우도 있었지만, 정책적 유인에 의한 대규모 이주가 큰 비중을 차지했다. 1945년 이전까지 이루어진 동아시아의 이주는 대부분 침략과 지배, 전쟁과 관련한 강제이주 등과 관련이 있었다.

기본적으로 이주나 이민은 전혀 다른 환경에서 더 나은 삶을 개척하기 위한 선택이다. 그러나 강제적 동기에 의한 이주는 상호간의 문화교류 속에서 문화가 공존하거나 새로운 복합문화를 만들기가 수월하지가 않았다. 세계화 시대에 개인의 자유로운 이주는 문화 간 접촉을 통해 사회의 문화와 정체성을 새롭게 변화시키는 다문화사회로의 변동을 야기한다. 또한 다문화사회는 다양한 인종적, 민족적, 문화적 소수자가 생기기 때문에 이주민의 권리와 다양한 문화가 존중되어야 하는 사회 문제를 발생시킨다. 이러한 동아시아 공통의 문제가 1990년대 이후 발생하면서 동아시아 각국은 다문화정책을 실시하기 시작하였다.

타이완은 우리나라처럼 문화적 단일성을 중시하는 국가이지만, 타이완 국민의 외국 및 대륙인(중국인)들과의 국제결혼이 증가하자, 결혼이민자들을 위한 정책으로 생활적응 상담, 의료보건, 취업권익 보장, 교육협조, 자녀양육 협조, 신변안전 보호, 법 제도의 정착 등 광범위하게 '생활적응지원서비스'를 마련하였다. 또한 입국 전 상담 기구 개설 및 취업상담 책자 발행, 타이완 생활과 풍습, 이민법령, 권리의무 관련 정보 등을 제공하여 도착 후 적응기간을 단축할 수 있게 해주고 있고, 다국어 책자 발행(유아, 부모용) 및 공립 유치원과 탁아소에 우선적으로 진학할 수 있는 권한을 주고 있다. 자녀 교육 및 양육지원 정책을 보면, 외국인 및 대륙배우자의 자녀를 영유아 건강보험시스템에 편입시켰고, 언어 및 사회문화 지도를 강화하여 방과 후 학습을 통해 이들 자녀들의 환경적응력과 학습능력을 향상시키려고 노력하고 있다.

한편 외국인 이주노동자에 대해서는 1992년부터 〈취업서비스법〉 등을 제정하여 '고용허가제도'를 실시하였다. 이러한 제도는 정부가 국내 노동시장의 노동력 수급상황을 고려하여 외국인력 도입규모를 관리하고, 또한 외국인 고용 사업주를 통제하는 것을 목적으로 하고 있다.

일본은 1980년대 이후 경제 글로벌화가 진전되면서 외국인이 급속하게 증가하게 되자 다문화주의에 대한 관심을 갖게 되었다. 그리하여 서로 다른 문화적 배경을 가진 사람들이 서로의 차이를 인정하고 존중하면서 동등한 관계를 형성하기 위한 '다문화공생'의 개념이 등장하게 되었다.

다문화공생을 표방한 일본의 다문화주의에 의해 일본의 다문화정책은 중앙정부가 주도하기보다는 지방자치단체와 시민사회 주도로 활발히 추진되고 있다. 우선, 일본의 결혼이민자들의 자녀를 위한 정책에서 외국인 근로자 자녀의 사회적응을 돕기 위해 전문 지도원을 배치하고 있다. 또한 공민관이나 국제교류원을 설치하여 일본어 교육의 실시와 함께 지역에 적합한 프로그램을 운영하고 있다. 한편, 일본의 외국인 이주노동자 정책에서는 단순·미숙련노동자를 원칙적으로 수입하지 않는다는 방침 아래, '기능실습제도'를 통하여 연수생을 받아들이고 있다. 기능실습 기간에는 '노동자' 신분을 인정하여 원칙적으로 노동관계법, 각종 사회보장 관련 법령을 적용하고 있다. 그러나 기능실습제도가 일본의 공식적 외국인력 수입제도이기는 하지만 실제적 기능을 수행하지는 못하고 있다. 따라서 실제 일본이 외국인력을 충당하는 방식은 일본계 외국인에게 정주자가 사증을 발급하는 것, 외국인 학생들의 파트타임 취업을 허용하는 것, 그리고 미등록노동자의 취업을 묵인하는 정책 등 편법적인 정책 시행을 통해서 이루어지고 있다. 주택정책에서는 공공임대주택의 활용과 민간임대주택에의 입주지원 그리고 지방자치단체가 행하는 긴급대책에의 재정지원 등이 이루어지고 있다. 그러나 일본은 오래된 다문화이주자인 재일한국인·재일조선인에 대해서는 오랫동안 사회적·인권적 배려가 없었다.

싱가포르는 작은 섬에 불과한 도시국가이지만 약 76%의 중국인, 17%의 말레이시아인, 7%의 인도인 등으로 구성되어 있는 다인종, 다문화사회이다. 이러한 다문화사회에서 싱가포르가 실시하고 있는 다문화정책은 다양한 인종그룹이 잘 기능하고 번영할 수 있도록 효과적인 제도를 보장해주는 것과 인종이 무엇이든지 간에 평등한 기회와 권리를 보장하는 보편적인 원칙을 목적으로 한다.

싱가포르에서는 다문화, 다인종, 다언어를 아우르는 교육정책을 동시에 실시하고 있다. 국민통합을 위해 1996년부터 모든 인종이 영어를 공식 언어로 사용했지만, 각각의 인종 집단 내에서는 각 인종의 모국어를 사용하게 하였다. 또한 주택정책에서는 '인종쿼터정책'을 실시하고 있다. 인종쿼터정책은 1980년대 중반 도입되었는데 각각의 지역에서 중국인, 말레이시아인, 인도인과 기타 인종 비율에 최대 한계를 정하여 특정 인종이 특정 지역에 일정 비율 이상 모여 살지 못하도록 만드는 것이다. 또한 외국인 이주노동자 가운데 대학 졸업 이상의 학력을 가진 전문 기술 인력으로 일정액 이상의 급여를 받는 외국인에게는 〈입국관리법〉에 의한 '취업사증'을 발급하여 사실상의 이민자 대우를 하고 있다.

홍콩은 싱가포르처럼 이민으로 구성된 사회이지만, 싱가포르와는 달리 외국인력 정책을 이민과 연계시키지는 않고 있다. 외국인력 도입과 관련된 별도의 법률을 갖고 있지 않아 외국인력 수입 여부의 결정이 정부의 특별 조치나 일상적 행정 집행에 의하여 이루어진다. 홍콩은 외국인노동자를 고용하기를 원하는 사용자에게 '고용허가'를 발급하고, 외국인노동자에게는 '취업사증'을 발급하여 국내에서 일하는 것을 허용하고 있다. 따라서 홍콩의 외국인노동자는 직종을 바꾸어 취업하거나 직장을 이탈하여 다른 업체로 옮길 수 없으며, 다른 곳에서 시간제 취업을 하는 것도 허용되지 않는다. 2006년 이후 기술과 경제력을 갖춘 만 18세 이상 50세 미만의 외국인들에게 홍콩 시민권을 주는 것을 핵심적인 내용으로 하는 '질 높은 이민자 계획'을 시행하는 등 외국 이주노동자 정책에 변화가 나타나고 있다. 이러한 조치는 중국과 인도의 숙련 근로자를 홍콩으로 끌어들이는 것을 목적으로 한 것이다.

3) 한국의 다문화사회

한국은 2000년대에 들어서 다문화주의 또는 다문화사회에 대한 관심이 크게 증가하였다. 이는 2004년부터 시행된 고용노동제(EPS) Employment Permit System로 인한 외국인 이주노동자의 증가, 결혼이민자, 다문화가족 자녀, 재외동포, 새터민 등이 늘어나면서 한국사회의 인종적, 문화적 다양성이 증가한 현상을 반영한 것이다. 2015년 4월 법무부 자료에 따르면, 국내 체류 외국인은 184만6천 명으로 2006년 이후 매년 10%씩 지속적으로

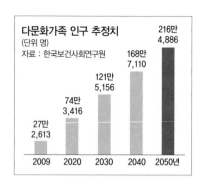

다문화가족 인구 추정치
(단위 명)
자료 : 한국보건사회연구원

2009	2020	2030	2040	2050년
27만 2,613	74만 3,416	121만 5,156	168만 7,110	216만 4,886

늘어 200만 명 시대를 목전에 두고 있다. 오는 2030년이 되면 국내 거주 외국인이 전체 인구의 10%, 약 500만 명을 넘어설 것이라는 게 통계청의 전망이다. 바야흐로 '이주의 시대'에 접어든 것이다. 현재 국내에 유입되는 다문화가정의 수는 매년 증가하여, 다문화가정 자녀의 수도 20만 명에 이르고 있다.

한국인들은 전통적으로 단일혈통주의가 강한 문화를 갖고 있다. 이러한 성향은 다문화사회에 대한 적응을 어렵게 하는 문화적 요인이 되고 있다. 국제결혼 자녀의 17.8%가 초등학교에서 집단따돌림을 당한 경험이 있고, 그 주된 원인이 엄마가 외국인이기 때문이었다고 한다. 이런 상황에서 외국인 노동자, 국제결혼 이주여성 및 새터민 등에 대한 차별과 편견은 사회 안정을 저해하는 한편 국가 이미지에 부정적 요인으로도 작용하였다. 유엔 인종차별철폐위원회(CERD)는 2007년 8월 보고서에서 "한국은 단일민족의 인식을 극복해야 하며 인종우월성 관념인 순수혈통, 혼혈 등의 용어가 퍼져 있는 데 유의할 것"을 지적하였다.

이러한 상황에서 한국 정부는 2008년 '다문화가정지원법'을 제정하였다. 이 법은 다문화가족 구성원이 안정적인 가족생활을 영위할 수 있도록 함으로써 이들의 삶의 질 향상과 사회통합에 이바지함을 목적으로 한다. 중앙부처와 지방자치단체에서 모두 실시하고 있는 다문화정

책은 이제 다양한 방법과 경로에서 이루어지고 있다. TV 공중파에서도 〈러브 인 아시아〉와 같이 다문화 가정의 이야기를 지속적으로 다루고 있다. 또한 다문화 가정의 증가와 더불어 최저생계비 이하 소득으로 인한 저소득층 교육문제, 학교 교육권 밖 방치로 인한 청소년 문제, 언어 능력의 저하로 인한 소통 문제, 정체성 혼란, 집단 따돌림 등 사회 부적응 문제가 발생하고 있어 다문화 가정 자녀의 교육격차 해소와 사회 통합을 위한 학교의 역할이 중시되고 있다.

그러나 한국의 다문화정책은 결혼이주여성 및 그 자녀를 중점 대상으로 하고, 관련 정책은 이주 여성의 국내적응을 위한 한국어 교육, 한국 문화 배우기 등에 치중하고 있다. 한국의 다문화정책은 한국 문화만을 강조하는 다문화 정책이라고 할 수 있다. 이러한 정책들은 이주민들이 한국 문화를 배워서 잘 적응하도록 돕는 것에는 의의가 있지만, 각각의 문화와 종교의 차이 등을 인정하지 않는 동화주의 정책의 측면이 크다. 이주민들이 한국말을 배우고 한국사회에 동화되고 적응하는 것도 중요하지만, 인간으로서 자신의 권리를 대변할 수 있는 기회를 갖고 법으로 규정된 복지 혜택을 받는 것도 중요하다. 취업에서 차별받지 않고, 노동시장에서의 실질적 문제를 해결할 수 있는 방안도 필요하다. 인종, 문화, 종교, 인권 등의 문제를 인정하지 않는 동화주의 정책은 향후 다문화 사회에서 장기적으로 사회분열을 심화시키고 사회통합 비용을 더 들게 할 수 있다.

또한 한국 체류 외국인의 구성을 보면, 결혼이주여성보다 이주노동자, 외국 국적 동포 등이 더 큰 비중을 차지한다. 2015년 현재 이주노동자 약 61만 명, 결혼이주여성 약 15만 명, 이주민자녀 약 20만 명, 중국 국적의 한국동포 약 30만 명, 유학생 약 9만 명, 기타 미등록외국인 등이 있다. 그러나 다문화정책에서는 이주노동자와 외국 국적 동포, 유학생

등 다수의 이주민들에 대해서는 크게 고려되고 있지 않다.

21세기 동아시아의 '다문화사회'는 단순한 이주의 자유 속에서 이루어지는 것이 아니라, 신자유주의 시대 노동시장 자유화의 흐름에서 나타나는 것이다. 다문화사회는 편익과 비용적 측면에서 인력수급의 불일치를 해소하고 경제규모의 확대와 같은 경제적 효과를 나타낼 수 있다. 그러나 그 대가로 경제적 비용과 문화적 갈등 그리고 사회적 분열이라는 부정적 측면을 낳기도 한다. 즉 저소득층, 비숙련 노동자인 신규 이주민이 자국의 저소득층과 일자리 경쟁을 하게 되고, 공공지출 부담 증가라는 경제적 비용이 발생한다. 자국의 저소득층 취업경쟁 심화와 공공재정에 부담을 주는 이주민에 대한 복지혜택 부여를 거부하려는 움직임이 반(反)이주 정서로 나타나기도 한다. 반이주 정서는 다양한 인종의 유입에 따른 언어, 문화, 종교적 갈등을 일으키고, 종교, 문화의 차이를 사회질서와 생활규범을 위협하는 존재로 인식하게 된다. 또한 이민자 빈곤화로 사회적 범죄가 증가하는 사회적 분열 현상이 나타나기도 한다. 즉 교육 및 취업 기회 제한 등으로 이민 2세대의 사회적 상향 이동이 제약을 받으면서 실업률과 범죄율이 증가하기도 한다. 이러한 사례는 동아시아보다 앞선 시기에 다문화사회·다문화주의를 표방한 서양의 나라들이 이미 겪었던 바이다.

이제 동아시아는 급속하게 변화하는 다문화사회의 문제를 피할 수 없는 시대가 되었다. 피할 수 없는 현실에서 동아시아적 공통성과 각국의 특수성을 고려하여 다문화사회의 통합 전략을 마련할 필요가 있다. 국제 결혼 이주여성에 대한 대책과 그 자녀인 '다문화가정'에 대해서는 보호와 차별 없는 정책적 지원, 사회적 관심이 필요하다. 사실 '다문화가정'이라는 말 자체가 차별적인 용어이다. 세계 각국의 많은 나라에서 국제결혼이 이루어지고 있지만, 특별히 그러한 가족을 '다문화가족'

전국 최고의 외국인 밀집 거주지역이자 각국의 특색있는 문화가 공존하는 안산시의 외국인주민센터

이라고 지칭하지는 않는다. 더욱이 한국에서 다문화가정은 경제적, 인종적으로 빈곤한 특정한 나라 출신의 여성들을 엄마로 둔 가정만을 대상으로 한다는 점에서 차별적이다. 오히려 '다문화가정'이라는 말 때문에 상처받는 사람들도 있다는 것을 고려해 볼 필요가 있다. 또한 이주근로자에 대한 인권적 보장과 더불어 실질적인 전망 속에서 대책을 보완할 필요가 있다. 정부는 외국인 근로자의 도입이 미치는 정치·경제·사회적인 파급효과를 분석하여 변화하는 노동시장에서 효과를 낼 수 있는 중·장기적인 계획 수립과 다문화사회에 대한 통합적 전략을 세워야 할 것이다.

이제 한국을 비롯한 동아시아 나라들은 변화하는 노동시장과 국제 환경, 이주의 시대에 더불어 사는 열린 마음으로 다문화사회를 조화롭게 운영해야 할 공통의 과제를 안고 있다. 미래에는 우리 사회의 더 많은 '완득이'와 함께 살아가야 하기 때문이다.

| 생각하기 |

1. 우리 주변에 다문화사회의 모습은 어떤 것이 있는지 알아 보자.

2. 동아시아의 다문화사회와 비교하여 한국의 다문화사회, 다문화정책의 특징
   은 무엇인지 생각해 보자.

6. 영토 문제와 평화 만들기

법적으로 영토는 한 국가의 주권이 미치는 범위를 의미한다. 그러나 영토
는 단순한 공간 개념 만이 아니라 인간과 공간의 상호 작용이 어우러져 형
성된 인문적 개념이자 한 나라의 국가의식과 영토의식을 통해 국가와 민족
의 정체성을 형성하는 필수적인 요소이다. 동아시아에는 세계 다른 지역보
다 영토 분쟁이 많다. 쿠릴열도, 센카쿠열도(댜오위다오), 독도, 남중국해의
문제 등 한국·중국·일본·러시아가 서로 주권 국가로서의 영역에 대한 다
툼과 분쟁이 점점 더 악화되고 있다. 영유권을 둘러싼 분쟁은 정치 경제 문
제가 될 뿐만 아니라 각 국가와 국민의 자존심의 문제이고 국민감정을 격화
시키는 요인이 되고 있다. 그러나 동아시아의 영유권 분쟁은 단순히 지리적
다툼의 문제가 아니라 동아시아의 과거사 청산의 문제와 관련 있다. 영유권
분쟁은 2차 세계대전 이후 식민지 지배의 처리 과정이나 전쟁 후 점령지의
처리과정에서 비롯된 경우가 대부분이기 때문이다. 동아시아 영토 분쟁을
해결하기 위해서는 영토 문제를 역사적으로 이해하고, 영토 민족주의의 지
리적 다툼이 군사 문제로 확산되지 않도록 공간에 대한 평화적 합의가 필요
할 것이다. 영토 문제는 갈등을 넘어 화해와 협력을 통한 동아시아 평화 만
들기의 중요한 실험대이다.

1) 동아시아의 영토 분쟁

영토는 국가 주권을 나타내는 영역으로 국제 교류에서 서로 존중되어야 할 공간이다. 오늘날 세계 각국의 영토는 오랫동안 각 국가 구성원이 살아온 역사적 근거와 20세기 전쟁의 결과에 따라 확정된 것이 많다. 그러나 세계 몇몇 곳에 영토 주권 문제와 관련된 분쟁은 세계화 시대가 되면서 더욱 민감해지는 국제 문제가 되고 있다. 동아시아는 안타깝게도 영토 분쟁이 다른 지역에 비해 많은 곳이다. 그 이유는 19세기 말 이래 아시아의 역사와 관련이 있다. 제국주의 세계체제가 동아시아로 밀려온 이후 각 국가의 주권이 위기를 맞이하는 가운데 겪은 식민지화와 몇 차례의 전쟁 이후 전후 처리과정에서 국경의 확정이 임의로 처리되었기 때문이다. 동아시아 영토 분쟁 지역들이 모두 섬이라는 것은 영토 분쟁이 일상 주민의 생활권이 아닌 인위적인 협정의 결과라는 것을 반증하고 있다. 분쟁의 씨앗을 안고 있던 영토 협정이 분쟁의 표면으로 나타나게 된 데에는 동아시아 각국의 정치적 패권주의와 이를 통한 배타적 민족감정 여론이 고양된 데 있다.

21세기 들어 지난 10여 년간 동아시아에서 자유화의 진전과 인터넷의 발달은 빠른 정보 전달을 통해 이러한 영토 분쟁의 정치상황을 전파하였고, 한편 각국의 정치권은 영토민족주의를 부추기며 동아시아 영토 갈등을 부채질하기도 하였다. 한정된 지구 공간 내에서 영토 문제는 국가의 법적 영유권, 민족감정을 넘

동아시아의 영토 분쟁 지역

쿠릴열도
러시아 vs 일본

독도
한국 vs 일본

센카쿠열도(댜오위다오)
중국 vs 일본

시사군도
중국 vs 베트남

난사군도
중국 vs
필리핀/싱가포르/말레이시아

어선 경제적 이해관계가 얽혀있는 문제이다. 따라서 영토갈등 문제는 각 국가와 국민이 쉽게 물러설 수 없는 사안이다. 최근 동아시아 국가들은 국민의 교류와 협력의 필요성이 높아지는 한편에서 영토 분쟁이 심해지자 극단적인 감정이 폭력적으로 표출되기도 하였다. 또한 영토 분쟁이 법적 영유의 실효적 지배를 위한 군사적 행동으로 전환되는 위기의 상황도 나오고 있다. 교류와 평화를 위한 걸림돌을 제거하고 이성적이고 합리적으로 해결하는 방안을 마련하는 것이 과제이다.

2) 쿠릴열도, 센카쿠열도(댜오위다오)의 영토 갈등

홋카이도 북쪽 쿠릴열도 지역의 4개 섬을 놓고 러시아와 일본이 영유권을 주장하는 북방의 4개 섬의 경우는 20세기 동아시아 전쟁에서 승자의 전리품이 되면서 영유권이 변해왔다. 홋카이도 북쪽 쿠릴열도 지역 4개 섬들의 원주민은 홋카이도의 원주민인 아이누족인데, 일본은 메이지 유신 이후 홋카이도를 식민지로 만든 이후 끊임없이 그 영향권을 넓혀 왔다. 1905년 러일전쟁에서 승리한 일본은 이곳을 일본의 영유권 안으로 포함시켰는데, 1945년 2차 세계대전의 결과 소련이 쿠릴열도를 점령하였고, 이것이 1951년 샌프란시스코 강화조약을 통해 소련의 영토로 편입되었다. 결국 이 지역은 원주민인 아이누족의 의사와는 상관없이 승자의 전리품으로서 영유권이 바뀐 것인데, 현재는 러시아가 실효적인 지배를 하고 있다. 최근 일본 정부의 우경적 국가주의가 심해지는 가운데, 이곳은 일본의 영토 민족주의를 부추기는 대상 지역이 되고 있다. 일본은 이 지역을 러시아가 반환할 것을 요구하고 있다. 일본 정부는 '북방 영토의 반환이 이루어지는 날, 평화의 날이 될 것'이라는 구호를 거

'북방영토의 반환이 이루어지는 날, 평화의 날'이라는 문구가 적힌 일본 도쿄역 앞의 조형물

리 곳곳에 붙이고 영토 반환의 국민 정서를 유도하고 있다. 실효적 지배를 하고 있는 러시아에 대하여 러일전쟁의 역사적 근거를 대며 일본으로의 반환을 요구하고 있다.

그러나 일본은 중-일 간 센카쿠(댜오위다오) 분쟁이나 한-일 간의 독도문제에 대해서는 정반대의 입장을 취한다. 센카쿠(댜오위다오) 분쟁은 청일전쟁 당시 일본의 침탈에 의해서 비롯된 것인데, 중국의 반환 요구를 묵살하고 있다.

센카쿠열도(댜오위다오) 관련 중· 일 입장

일본 측 주장	중국 측 주장
1. 일본 상인이 1884년 무렵 센카쿠열도 발견	1. 명나라 때 댜오위다오를 타이완의 부속 도서로 포함시킴
2. 정부의 조사 거쳐 '주인 없는 땅'으로 확인	2. 청나라 때 타이완 지방정부의 행정관할에 포함됨
3. 1895년 내각 결의로 일본 관할로 포함시킴	3. 1871년(청나라) 정부 편찬 역사서(重纂福建通志)에 타이완성 소속 '댜오위타이(釣魚臺)'로 표기됨

중국은 센카쿠열도(댜오위다오)가 타이완의 부속도서로서 1403년 명나라 영락제 시기의 문헌을 근거로 중국이 댜오위다오를 가장 먼저 발견했으며, 댜오위다오라는 이름을 붙이고 섬을 이용해왔다고 주장하고 있다. 그러한 댜오이다오와 인근 해역은 1895년 청일전쟁 패배 이후 타이완을 일본에게 내어 주면서, 타이완의 부속 도서로서 일본에게 속했다가 1951년 9월 샌프란시스코 강화조약 체결 시 일본에서 미국으

로 이양되었다. 이후 1971년 6월 미국이 일본에게 오키나와를 반환하는 협정을 맺고, 1972년 5월 오키나와를 반환할 때 이곳은 함께 편입되어 현재까지 일본의 영유권 하에 있다. 처음에는 중국의 영유권 주장이 크지 않았으나, 1968·1969년에 유엔 아시아극동경제위원회(ECAFE)의 아시아 연안지역 광물자원 공동개발조정위원회(CCOP)가 동중국해 일대의 해저조사를 실시하여 석유 매장 가능성을 확인한 시점부터 중화인민공화국, 타이완중화민국에서 영유권 논쟁이 활발해졌다. 영유권을 둘러싼 외교적 마찰 및 민간 차원의 항의는 중국 대륙(홍콩 포함), 타이완 등지에서 지속적으로 이루어지고 있다.

중국·타이완인들의 센카쿠열도(댜오위다오) 상륙 장면

일본과의 영토 분쟁으로 발생한 베이징의 반일시위

2010년 9월 7일 일본은 센카쿠열도 해역에서 중국 어선이 일본 해상보안청 순시함을 들이받았다는 이유로 중국 어선을 나포하고 선장을 체포하였다. 일본 정부는 중국 어선이 순시선들의 정지 명령을 무시하고 계속 항해하다가 순시선들과 충돌한 것은 공무 집행 방해라고 밝혔다. 당시 일본 관방장관은 기자 회견에서 "센카쿠열도와 관련한 영토 문제는 존재하지 않는다는 게 일본의 입장"이라며 "위반의 정도와 상황을 고려해 엄정 대처해 나가겠다"고 밝혔다. 또한 선장 체포와 관련해서는 "외교적인 배려는 없었고, 일·중 관계에 영향을 미칠 것으로 보지 않는다."라고 말했다. 그러나 이 사건으로 말미암아 중국에서 대규모 시위가 전개되고 중국 정부가 일본 첨단산업의 필수 광물질인 희토류 수출을 불허한다는 강경 방침을 천명하자, 일본은 결국 선장을 석방하였다.

이 일로 일본의 간 나오토 내각은 '백기투항'이라는 비난을 받는 등 일본 내 여론의 지지를 잃었다. 영토 문제는 영토 주권과 관련한 문제라서 자국 국민들의 민감한 반응을 정치권에서 이용하기 쉬웠다. 이 점을 이용하여 일본의 보수정치인들은 영토 내셔널리즘을 선동하였다. 2012년 4월 도쿄도지사 이시하라 신타로가 센카쿠열도(댜오위다오)를 구매하여 일본의 '국유화'를 하겠다고 발언하였다. 이후 9월 10일 일본 정부는 20억 5천만 엔으로 소유권자로부터 구입하여 댜오위다오와 부속섬의 일본 '국유화'를 강행하였다. 여기에 중국 정부는 크게 반발하여 9월 23일 예정되어 있던 중·일 국교정상화 40주년 기념식을 중지하였고, 중국 국민들의 반일감정은 고조되어 관계는 악화되었다.

그러나 센카쿠열도(댜오위다오)에 대해 중국이나 일본 모두 진정한 의미의 '고유영토'라고 할 수 없다. 이 섬들을 이용해 온 사람들은 류큐·오키나와 사람들이었다. 또한 타이완의 어민들도 이용해왔다. '지역주민의 생활권'이라는 관점에서 보면 그 땅과 주변 바다를 생활 무대로 살아온 사람들이 공존할 수 있는 방법을 통해 일본에 의한 국유화로 야기된 현재의 긴장과 대립을 풀어가는 입장을 만들어갈 필요가 있다. 국가 대 국가 단위의 대항 도식이 영토 문제를 국가주의적 분위기로 몰고 가는 것에 대하여, 그 전제 조건으로서 역사 문제의 평화적 해결과 지역 주민의 생활권을 중심으로 생각하는 것이 도움이 될 것이다.

한일 관계 악화의 최대 사안이 되고 있는 독도. 동도와 서도 외에 부속도서로 이루어져 있다.

3) 독도 문제

독도 문제는 한일관계 악화, 국민감정 악화의 최대 사안이 되고 있다. 독도는 돌섬 102개와 암초 78개로 이루어진 커다란 바위섬인데, 울릉도에서 87km밖에 떨어져 있지 않아서 울릉도 높은 지대에서 육안으로 보이는 섬이다. 역사적으로 독도가 한국의 영유지였다는 것은 많은 기록에서 확인된다. 그러나 일본이 동아시아에 대한 침략전쟁을 벌이면서 독도는 한·일 간의 영토 분쟁지역으로 조장되어 갔다. 한·일 간 독도의 경우는 러일전쟁 당시 일본의 침탈 과정에서 초래된 것이었다. 이런 점에서 독도 문제는 영토 영유권 분쟁이 아니라 역사 분쟁의 성격이 더 크다고 볼 수 있다. 일본이 독도 영유권을 주장하는 데에는 두 가지 주장이 상충되고 있다. 먼저 일본은 한국, 일본 어느 쪽의 영토도 아닌 무주지 독도를 1905년 국제법적으로 유효하게 자국 영토로 편입시켰고,

이후 1945년까지 실효적으로 관리 경영했다고 하는 무주지 선점론을 폈었다. 1905년 1월 내각 문서에는 무주지인 독도를 자국민에 의한 국제법적 점령의 예에 따라 편입 조치한다는 내용이 명기되어 있다. 그런데 2008년 일본 외무성은 일본이 17세기에 독도에 대한 영유권을 확인했다고 주장하면서 독도에 대한 고유

"우산과 무릉 두 섬은 (울진)현의 정동쪽 바다 가운데 있다"고 기록한 《세종실록지리지》

영토론을 공식화했다. 무주지 선점론과 고유영토론은 서로 상충하는 논리이다. 일본 측으로서는 고유 영토론을 택하는 순간 무주지 선점론을 버려야 하는 모순에 빠지게 된다. 한편 일본이 2차 세계대전 이후 포기해야 할 영토에 독도가 포함되지 않았다는 것을 이유로 한국의 실효적 지배를 불법이라고 주장하기도 한다. 즉 1951년 9월 서명된 샌프란시스코 강화조약에서 조선의 독립에 관한 일본의 승인을 규정함과 동시에 일본이 포기해야 하는 지역으로 '제주도, 거문도 및 울릉도를 포함한 조선'이라고 규정하였다는 것을 근거로 하는 것이다. 미국이 동아시아의 역사에 대한 이해 없이 전후 영역 문제를 무책임하게 확정한 결과가 독도 영유권 분쟁의 원인을 제공하였다.

이에 대응하여 한국 입장은 당연히 실효적, 역사적 고유영토론을 주장하고 있다. 이런 점에서 가장 주목되는 자료가 대한제국이 1900년

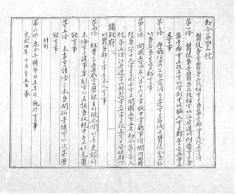

(울릉군수가) 울릉전도(鬱陵全島)와 죽도(竹島), 석도(石島)를 관할할 것을 규정한 대한제국 칙령 41호(1900). 석도는 곧 독도를 가리킨다.

10월 27일 관보에 기재한 칙령 41호의 내용이다. 칙령 41호에는 군정을 태하동에 두고, 울도(울릉도) 군수의 관할 범위를 '울릉도와 죽도, 석도'로 규정했다. 한국 측에서는 석도가 독도를 지칭한다고 주장하는데, 일본은 석도가 독도인 구체적인 증거가 없다 하여 인정하지 않는 것이다.

한국 측으로서는 일본이 어떤 주장을 내세우든 일본의 영유권 주장을 부정하는 것만으로는 부족하고, 한국 정부가 역사적으로 실효적 지배를 했다는 사실을 능동적으로 입증하는 것이 더 중요하다. 결국, 일본 측은 논리적 일관성을 유지하기 위해 역사적 사실을 선별적으로 채용하게 되고 그로 말미암아 편향성이 강화되는 데 반해, 한국 측은 자국의 고유 영토론을 입증하기 위해 직접적 사료 외에 다양한 방증 사료로까지 확장하게 되는 것이다. 사실 독도 문제는 영유권의 법리적 반박이나 논리적 입증보다 일본이 침탈의 과거사를 진정으로 인정하고 회복시킬 때 영유권 분쟁의 궁극적인 해결이 달성될 수 있음을 시사하고 있다. 현재 실효적으로 지배하고 있는 현실을 십분 활용하여 역으로 일본 정부의 정치적 의도에 휘말리지 않도록 하는 것도 중요하다. 또한 1965

년 한일 국교정상화를 위한 기본조약 체결 시 '독도 영유권 문제'를 제대로 다루지 않고 미해결 상태로 협약을 마무리한 것이 오늘날까지 갈등을 잠복시키는 결과를 낳았다는 것을 거울삼아, 한·일 간의 외교에 대한 적극적인 노력이 필요하다.

4) 동아시아 영토 분쟁의 해소를 위하여

동아시아 공동체를 거론하는 이 시대에 동아시아의 영토 분쟁은 날로 심각해지고 있다. 영토 분쟁이 상호 간의 손해를 늘리고 교류의 장애가 되어 국민 감정적으로나 군사적으로 충돌이 야기되지 않기 위하여 보다 큰 틀의 해법을 찾아야만 한다. 이를 위해 첫째 동아시아 공동협의기구가 필요하다. 공동기구를 통해 공동의 자원 탐사나 군사적 위기 방지를 위한 안전보장에 대한 선언을 명시할 필요가 있다. 둘째는 역사적 관점의 동아시아 평화를 추구하는 노력이 필요하다. 현재 동아시아 영토 분쟁지역은 일본의 식민 지배를 받았거나, 태평양전쟁 이후 일본의 패망 때까지 일본의 점령을 경험한 나라들이다. 따라서 영토 분쟁에 대한 해결은 일본이 동아시아 평화를 위해 과거 아시아에 대한 침략과 전쟁에 대한 사과와 반성이 선행되어야 한다. 독일이 과거 2차 세계대전의 침략과 학살에 대한 사과와 반성을 통해 EU의 중심국가로서 존경할 만한 역할을 하는 것을 교훈 삼을 필요가 있다. 셋째는 미국과 중국의 아시아에 대한 경쟁구도를 고려하며 각국이 자존과 공영을 도모하는 지혜가 필요하다. 현재 중국 주변의 영토 분쟁을 하는 나라들은 2차 세계대전 이후 미국의 대 아시아 전략구도 속에서 오랜 시간 군사동맹을 유지해온 국가들이다(일본, 한국, 필리핀, 타이완 등). 최근 동아시아에서 중국의 부상이 미국과 군사적·경제적 지배권 경쟁을 하는 구도로 가는 상황에서 한국의 주권과 평화를 실현하기 위하여 중층적인 외교를 통해 영토문제를 보다 냉철하게 접근할 필요가 있다. 넷째로 평화의 지역통합에 대한 합의를 높여갈 필요가 있다. 평화의 지역통합이 진전되어 국경의 의미가 무의미해질 때 영토 문제는 희석되기 마련이다. 이것을 위해서는 영유권 문제가 정치적으로 이용되지 않아야 한다. 영토 분쟁이 한·중·일 3국의 평화와 공동 번영을 인질로 삼지 않도록 평화의 지역 통합에 대한 국가 간의 노력이 필요하다. 평화적인 공간에 대한 비전 vision만이 평화와 공존의 동아시아를 만들 수 있는 것이다.

| 생각하기 |

1. 동아시아에서 영토 분쟁이 많은 이유에 대하여 생각해 보자.

2. 평화적 공간 만들기라는 전망에서 각각의 동아시아 영토분쟁의 해결방안을 구상해 보자.

참고문헌

| 제1부 |

한주성,《다시 보는 아시아 지리》, 한울, 2012.

안드레 군더 프랑크 저 | 이희재 역,《리오리엔트》, 이산, 2003.

최원식·백영서,《동아시아인의 '동양'인식》, 창비, 2010.

에드워드 사이드 저 | 박홍규 역,《오리엔탈리즘》, 교보문고, 2010.

에드워드 사이드 저 | 김성곤 외 역,《문화와 제국주의》, 창비, 2011.

이옥순,《우리 안의 오리엔탈리즘》, 푸른역사, 2002.

유용태·박진우·박태균,《함께 읽는 동아시아 근현대사》, 창비, 2011.

한중일3국공동역사편찬위원회,《한중일이 함께 쓴 동아시아 근현대사》1·2,
　　휴머니스트, 2012.

정수일,《실크로드 문명기행》, 한겨레출판사, 2006.

이욱정,《누들로드》, 예담, 2009.

하타노 스미오 저 | 심정명 역,《샌프란시스코 강화조약 체제와 역사문제》, 제
　　이앤시, 2014.

강상규,《19세기 동아시아의 패러다임 변환과 제국 일본》, 논형, 2007.

김선민,《동아시아의 근대 그 중심과 주변》, 소명, 2013.

클라이브 크리스티 저 | 노영순 역,《20세기 동남아시아의 역사》, 심산, 2004.

백영서 외,《동아시아 근대이행의 세 갈래》, 창작과비평사, 2009.

이근욱 외,《제국주의 유산과 동아시아》, 동북아역사재단, 2014.

이마가와 에이치 저 | 이홍배 역,《동남아시아 현대사와 세계열강의 자본주의
　　팽창》상·하, 이채, 2011.

김동춘,《전쟁과 사회》, 돌베개, 2000.

김성철,《일본 외교와 동아시아 국제관계》, 한울아카데미, 2007.

마고사키 우케루 저 | 양기호 역,《미국은 동아시아를 어떻게 지배했나》, 메디

치, 2013.

서울대 국제문제연구소,《글로벌 냉전의 지역적 특성》, 사회평론아카데미, 2015.

이삼성,《동아시아의 전쟁과 평화》1·2, 한길사, 2009.

Nicholas Tarling ed., *Cambridge history of Southeast Asia* 3, 4, Cambridge University Press, 2000.

루스 베네딕트 지음 | 김윤식·오인석 옮김,《국화와 칼》, 을유문화사, 2008.

| 제2부 |

박광섭·이요한,《아세안과 동남아 국가연구》, 대경, 2008.

조흥국,《한국과 동남아시아의 교류사》, 소나무, 2009.

윤진표 외,《동남아의 헌정체제와 민주주의》, 명인문화사, 2014.

오코노기 마사오 외,《동북아 국제정치 질서, 어디로 가나》, 푸른역사, 2015.

전재성 외,《미중 경쟁 속 동아시아와 한반도》, 늘품플러스, 2015.

동아시아공동체연구회,《동아시아공동체》, 아산정책연구원, 2014.

정용화,《동아시아의 지역질서》, 창작과비평사, 2005.

박노자,《우리가 몰랐던 동아시아》, 한겨레출판, 2007.

아사히신문 취재반 저 | 백영서 역,《동아시아를 만든 열가지 사건》, 창비, 2008.

손승철,《조선통신사, 일본과 通하다》, 동아시아, 2006.

김현영,《통신사, 동아시아를 잇다》, 한국학중앙연구원출판부, 2013.

부산문화재단,《조선통신사 옛길을 따라서》1·2·3, 한울, 2014.

서인범,《연행사의 길을 가다》, 한길사, 2014.

정광 외,《연행사와 통신사》, 박문사, 2014.

오한루이샹 저 | 김락준 역,《이기는전략』포북, 2015.

조준현,《중국경제: 개혁 개방에서 지속가능한 발전으로》, 부산대학교출판부, 2014.

광진,《중국경제를 움직이는 6가지 코드》, 서해문집, 2012.

김완중,《동아시아와 동남아경제의 이해》, 청람, 2015.

매리 하이듀즈 저 | 박장식 외 역,《동남아의 역사와 문화》, 솔과학, 2012.

매일경제신문사 아시안 하이웨이팀 외,《아시안 하이웨이》1·2, 매일경제사, 2012.

조진구, 《동아시아 철도네트워크의 역사와 정치경제학 1》, 리북, 2008.
최광식, 《한류로드: 전통과 현대의 창조적 융화》, 나남, 2013.
임현진·강명구, 《동아시아 대중문화소비의 새로운 흐름》, 나남, 2013.
임현진·김익기, 《동아시아 문화권에서의 한류》, 진인진, 2014.
이종임, 《신한류와 문화이동의 지형학》, 논형, 2013.
와다 하루키, 《한국과 일본의 역사인식》, 나남, 2008.
강만길, 《근대 동아시아 역사인식 비교》, 선인, 2004.
일본교과서바로잡기운동본부, 《동아시아 역사인식》, 역사비평사, 2002.
이지원, 〈동아시아의 평화공동체를 향한 비전과 동아시아 시민들의 감정 간
극 극복을 위한 해결방안〉, 《역사인식과 동아시아평화포럼북경대회》, 아
시아평화와역사교육연대, 2014.
한용섭, 《미중 경쟁시대의 동북아 평화론》, 아연출판부, 2010.
Mark Beeson ed., *Contemporary Southeast Asia*, New York: Palgrave Macmillan,
2009.

| 제3부 |

동북아역사재단, 《동아시아공동체의 설립과 평화구축》, 동북아역사재단,
2010.
동북아역사재단, 《한중일의 전쟁유적과 동북아 평화》, 2010.
이용준, 《베트남, 잊혀진 전쟁의 상흔》, 한울, 2014.
이규봉, 《미안해요! 베트남》, 푸른역사, 2011.
유재현, 《메콩의 슬픈 그림자 인도차이나》, 창비, 2003.
박찬승, 《마을로 간 한국전쟁》, 돌베개, 2010.
정지영 외, 《동아시아 기억의 장》, 삼인, 2015.
김정현, 《기억의 정치공간》, 동북아역사재단, 2014.
여문환, 《동아시아 전쟁기억의 국제정치》, 한국학술정보, 2009.
동북아역사재단, 《일본의 전쟁기억과 평화기념관》 1·2, 동북아역사재단, 2011.
한일관계사연구위원회, 《일제 식민지배와 강제동원》, 경인문화사, 2010.
이석태 외, 《일본군위안부문제》, 민족문제연구소, 2009.
전쟁과여성대상 폭력에 반대하는 연구행동센터, 《그들은 왜 일본군 '위안부'
를 공격하는가》, 휴머니스트, 2014.
한승준, 《아시아국가의 다문화사회 형성과정과 정책추진체계연구》, 한국여성

정책연구원, 2009.

이성미,《다문화정책론》, 박영사, 2012.

이륜·손소연,《살아있는 다문화교육이야기》, 즐거운학교, 2013.

변수정 외,《동아시아 국가의 다문화가족 현황 및 정책 비교연구》, 한국보건
사회연구원, 2014.

김태환,《다문화사회와 한국 이민정책의 이해》, 집사재, 2015.

한국헌법학회·국가인권위원회,《다문화 사회와 헌법》, 휴먼컬쳐아리랑, 2015.

Sunil S. Amrith, *Migration amd Diaspora in Modern Asia*, Cambridge University
Press, 2011.

동북아역사재단,《야스쿠니에 묻는다》, 동북아역사재단, 2014.

송기호,《동아시아의 역사분쟁》, 솔, 2007.

동북아공동체연구재단,《동아시아 영토분쟁과 국제협력》, 디딤터, 2014.

인하대학교 한국학연구소,《동아시아 영토분쟁의 어제와 오늘》, 글로벌콘텐
츠, 2014.

제주평화연구원,《동아시아 평화와 협력을 위한 구상》, 두일디자인, 2014.

한국정신대문제대책협의회 정신대연구회편,《강제로 끌려간 조선인 군위안부
들》, 한울, 1993.

찾아보기

A-Z

지은이 **이지원**

연세대학교 사학과 학사, 석사를 마치고 서울대학교 역사교육과에서 일제시기 문화운동·사상에 대한 연구로 박사학위를 받았다. 대림대학교에 근무하며 교양학부장을 역임하였고 University of Cambridge의 Faculty of Asian and Middle Eastern Studies의 방문학자를 지냈다. 역사학의 학문적·대중적 유용성을 높이기 위한 연구와 교육을 하고 있으며, 동아시아 역사 대화에도 관심을 갖고 있다. 저서로는 《한국 근대 문화사 상사연구》《세계 속의 한국의 역사와 문화》 등이 있고, 공저로는 《일제 강점 지배사의 재조명》《식민지 근대의 뜨거운 만화경》《20살을 위한 교양 세계사 강의》《정체성의 경계를 넘어서》《논쟁으로 읽는 한국사》《새로운 한국사 길잡이》《일제하 지식인의 파시즘체제 인식과 대응》《역사교육의 방향과 국사교육》《여성과 사회》《한국 근현대의 민족문제와 신국가건설》《한국문화사》《*Landlords, Peasants & Intellectuals in Modern Korea*》《*Pioneers of Korean Studies*》 등이 있다.

미래세대의 동아시아 읽기

이지원 지음

초판 1쇄 발행 2015년 8월 30일

펴낸이 오일주
펴낸곳 도서출판 혜안

등록번호 제22-471호
등록일자 1993년 7월 30일

주소 ⍟ 04052 서울시 마포구 와우산로 35길 3(서교동) 102호
전화 3141-3711~2
팩스 3141-3710
이메일 hyeanpub@hanmail.net

ISBN 978-89-8494-535-7 03910

값 12,000원